Sabine Herzig
Anke Lange

So funktioniert jahrgangsübergreifendes Lernen

Impressum

Titel:	So funktioniert jahrgangsübergreifendes Lernen
Autorinnen:	Sabine Herzig, Anke Lange
Redaktion:	Iris Zywicki
Druck:	Druckerei Uwe Nolte, Iserlohn
Verlag:	Verlag an der Ruhr
	Alexanderstraße 54 – 45472 Mülheim an der Ruhr
	Postfach 10 22 51 – 45422 Mülheim an der Ruhr
	Tel.: 02 08/43 95 4 50 – Fax: 02 08/43 95 42 39
	E-Mail: info@verlagruhr.de
	www.verlagruhr.de

© **Verlag an der Ruhr 2006**
ISBN 978-3-8346-0106-3

geeignet für die Klasse 1 2 3 4 5

Gedruckt auf chlorfrei gebleichtes Papier.

Die Schreibweise der Texte folgt der neuesten Fassung der Rechtschreibregeln – gültig ab August 2006.

Alle Vervielfältigungsrechte außerhalb der durch die Gesetzgebung eng gesteckten Grenzen (z.B. für das Fotokopieren) liegen beim Verlag. Der Verlag untersagt ausdrücklich das Speichern und Zur-Verfügung-Stellen dieses Buches oder einzelner Teile davon im Intranet, Internet oder sonstigen elektronischen Medien. Kein Verleih.

Inhaltsverzeichnis

7	*Einleitung*

1 Schon wieder etwas Neues? – Gründe & Hintergründe

10	Mythos jahrgangshomogene Klasse oder die Heterogenität homogener Lerngruppen
11	Wieso, weshalb, warum? – Vorteile des jahrgangsübergreifenden Lernens
19	Warum ist das alles nichts Neues? – Pädagogische Konzepte

2 Wo sollen wir nur anfangen? – Praktische Tipps

In unserer Schule:

22	Was muss ich bedenken? – Rechtliche Hintergründe
23	Wer mit wem, wie soll das gehen? – Personalfragen
26	Wer mit wem, wie soll das gehen? – Lerngruppenzusammensetzung
28	Rechnen, Schreiben, Lesen – Der Stundenplan

In unserer Klasse:

31	Der (offene) Unterrichtsanfang
33	Freiarbeit und Wochenplan
54	Aufräumen und Ordnung halten
56	Der Morgenkreis
61	Der Fachunterricht
70	Arbeitszeit am Nachmittag
73	Die Klassenraumgestaltung

Wie behalten wir den Überblick?

84	Tages- und Wochenpläne
86	Lese-Ausweise und Co.
89	Schülerbeobachtung und Auswertung von Schülerarbeiten
90	Schriftliche Tests
92	Pensenbücher

Alle helfen mit:

95	Kinder
104	Eltern
113	Kollegen
121	Horterzieher

Nichts geht ohne – Material:

125	Die Spreu vom Weizen trennen …
132	Unser Potpourri
136	Woher nehmen, wenn nicht stehlen?
168	*Anhang: Fußnoten*

Hinweise zum Lesen

Die männliche Form
Aus Gründen der besseren Lesbarkeit haben wir in diesem Buch durchgehend die männliche Form verwendet. Natürlich sind damit auch immer Frauen und Mädchen gemeint, also Lehrerinnen, Schülerinnen etc.

 ### Der Querverweis
Bitte lesen Sie unter dem darauf folgenden Begriff auch an anderer Stelle im Buch nach.

 ### Der Tipp
Hier finden Sie einen zentralen Gedanken, eine kurze Zusammenfassung.

 ### Nähkästchen
Hier finden Sie eine kleine Anekdote aus unserem Schulalltag.

 ### Wenn es mal nicht so klappt ...
Hier finden Sie hilfreiche Tipps, wenn bestimmte Vorhaben nicht genau wie beschrieben funktionieren sollten.

 ### Kopiervorlage
Wenn Sie dieses Zeichen im Text finden, haben wir für Sie auf der CD-ROM eine Kopiervorlage bereitgestellt.

Einleitung

Wenn Sie heute dieses Buch in den Händen halten, haben Sie möglicherweise schon länger **den Wunsch, Ihre Arbeit in der Schule zu verändern**. Oder Sie haben den Auftrag bekommen, sich über neue Möglichkeiten des Lehrens und Lernens zu informieren. Vielleicht sind Sie aber auch **Lehrer in der Schuleingangsphase und stehen vor der neuen Aufgabe, nun zwei Jahrgänge gleichzeitig zu unterrichten.**

Haben Sie Sorge davor, den **Anforderungen der Kinder aus verschiedenen Jahrgängen** gleichzeitig nicht gerecht werden zu können? Oder sind Sie sich noch gar nicht im Klaren darüber, wie diese Arbeit wirklich aussehen soll?

Bitte freuen Sie sich darauf! Sie werden sehen, eine ganz neue Zeit des Lernens ist damit angebrochen. Sie werden bei den Kindern „**Schätze" entdecken**, Potenziale, von denen Sie nicht glaubten, dass sie in Ihrer Klasse vorhanden waren – **auf sozialer und fachlicher Ebene.**

Wir meinen, dass zwei Seiten eine **Veränderung in der Schule** verlangen: Zum einen sind es die **Schüler**, denn in der heutigen Zeit, in der „veränderte Kindheit" zu einem Schlagwort geworden ist, muss unserer Meinung nach unbedingt über eine **Umorientierung im Unterricht** nachgedacht werden. Mit reinem Frontalunterricht kommt man nicht mehr weit.
Durch die vielfältige Literatur, die dazu bereits verfasst wurde, haben viele Schulen in diesen Bereichen schon mit dem Umdenken begonnen und **Umstrukturierungen in ihren Unterrichtsmethoden** vorgenommen.
Die zweite Seite, die nach einer Umorientierung verlangt, sind Sie selbst, der **Lehrer**: Jahrgangshomogene Klassen täuschen Ihnen einen gleichen Lernstand der Kinder vor. Schnell erfahren Sie, dass Ihre Schüler **weit von einem identischen Lernniveau entfernt** sind, und Sie beginnen mehrfach zu **differenzieren**. Allein stehen Sie vor der Klasse und wollen den verschiedenen Anforderungen gerecht werden. Wir glauben, dass das sehr schwierig sein kann. Aus welchem Grund scheint sonst das Schlagwort „Burn-Out" fast mit dem Lehrerberuf verknüpft zu sein?

Wir möchten Ihnen ans Herz legen, in der Schule **neue Wege** zu gehen. Deswegen hoffen wir, Ihnen mit dem vorliegenden Buch nicht nur die Notwendigkeit und besonderen **Vorteile eines jahrgangsgemischten Unterrichts** zu vermitteln, sondern Ihnen insbesondere **praktische Tipps** an die Hand geben zu können, mit deren Hilfe Sie diese Unterrichtsform **sofort einleiten und umsetzen** können. So kann die notwendige Veränderung von Schule vielleicht gleich bei Ihnen beginnen.

Kapitel 1

Schon wieder etwas Neues?

Gründe & Hintergründe

Schon wieder etwas Neues?

Mythos jahrgangshomogene Klasse oder die Heterogenität homogener Lerngruppen

Viele Lehrer haben Sorge Jahrgänge in den Lerngruppen zu mischen, weil Sie sich nicht vorstellen können, wie sie dabei dem offensichtlich unterschiedlichen Lernstand der Schüler gerecht werden sollen. Sie halten fest an dem Glauben, Kinder gleichen Alters befänden sich auf demselben Entwicklungsniveau. Einige Lehrer versuchen deshalb, jeden Schüler mit demselben Inhalt und derselben Methode zum gleichen Ergebnis zu bringen. Viele von ihnen verzweifeln dann, denn der Frust sitzt tief, beim Schüler „nichts bewegt" zu haben.

Für andere Lehrer stellt sich schnell heraus, dass auch in demselben Jahrgang gute, mittlere und nicht so begabte Schüler zusammen lernen. Manchmal stellen sie fest, dass ein Schüler ein Aufmerksamkeitsdefizit oder eine Leserechtschreibschwäche aufweist. Schnell ist der gute Lehrer gefordert 5-fach zu differenzieren – und das alles unter dem Deckmantel der Alters- und (augenscheinlichen) Leistungshomogenität.

Lassen Sie sich nicht täuschen!
Es gibt nirgendwo homogene Lerngruppen!

Die Unterrichtsvorbereitung ist somit in einem guten, d.h. einem differenzierten jahrgangshomogenen Unterricht ebenso aufwändig und anspruchsvoll wie im jahrgangsheterogenen. Allerdings können Sie im Stufenunterricht nicht die fachlichen und sozialen Vorteile einer altersgemischten Gruppe nutzen.

Differenzieren müssen Sie sowieso!
Also mischen Sie die Lerngruppen und nutzen Sie die Vorteile!

Altersgleiche Klassen widersprechen allen Gruppierungen im Leben. Oder haben Sie schon einmal an einem Arbeitsplatz gearbeitet, wo Ihre Kollegen alle zu einem Jahrgang gehörten? Oder gibt es einen Verein, dessen Mitglieder alle gleich alt sind, oder einen Kindergarten, in dem nur die Kinder eines Alters zusammen spielen?

Unser Leben ist nicht „homogenisiert"!

Was enthalten wir den Kindern vor, wenn sie nur mit und von denen lernen können, die auf dem gleichen Erfahrungs- und Wissenstand sind wie sie selbst? Und von wem haben Sie selbst am meisten im Leben gelernt? Von ihren gleichaltrigen Klassenkameraden? Oder von älteren Geschwistern, Freunden etc.?

Wieso, weshalb, warum? – Vorteile des jahrgangsübergreifenden Lernens

Da Sie sich entschlossen haben, dieses Buch zu kaufen, gehen wir davon aus, dass Sie bereits wissen oder erahnen, dass Altersmischung in Lerngruppen wirklich Vorteile birgt und für das soziale und auch fachliche Lernen unserer Kinder von entscheidender Bedeutung ist. Vielleicht haben Sie aber auch genau die oben geschilderte Erfahrung gemacht, dass das Unterrichten in einer altershomogenen Lerngruppe eigentlich gar nicht einfacher ist. Denn: Sie stehen alleine vor beispielsweise 26 Erstklässlern! Für uns setzt an diesem Punkt ein ganz besonders wichtiges Argument für eine Altersmischung an:

Machen Sie sich klar, welche Potentiale in jahrgangshomogenen Klassen ungenutzt bleiben!

Die fachlichen Vorteile

„Ich kann es dir erklären" – Kinder sind auch „Lehrer"

Ältere Schüler geben (gerne!) Lerninhalte und Lerntechniken an die jüngeren Schüler weiter. Das kann Sie als Lehrer stark entlasten.

Kinder „belehren" sich gegenseitig!

Manchmal hören wir bei diesem Argument den Einwand, dass das ältere Kind ja weniger lernen kann, wenn es sich um die jüngeren Kinder kümmern muss. Es ist nicht nur unsere persönliche Meinung, sondern vielfach in der Literatur bewiesen[1], dass diese gemeinsame Art des Lernens nicht zu Lasten der älteren Kinder geht.

Schon wieder etwas Neues?

Im Gegenteil: Gelerntes an Andere weiter zu geben, bedeutet für das vermittelnde Kind Wiederholung, Übung und Anwendung der Lerninhalte, was eine sehr hohe Anforderung darstellt.

Als ein Zweitklässler einem Mitschüler das Arbeitsblatt zum Hunderterfeld erklärte, bei dem es darum geht, abstrakte Schritte auf dem Hunderter-Brett nachzuvollziehen, waren wir sicher, dass diese zwei oder auch fünf Minuten ihn selbst besser in seinem Lernprozess unterstützten, als wenn er diese Zeit zum eigenen Rechnen genutzt hätte. Intensiv trainierte er dabei sein Ausdrucksvermögen, übte er mathematische Inhalte verständlich zu vermitteln, fragte er bei sich selbst erworbenes Wissen ab und durchdachte er beim Erklären das gesamte Hunderterfeld erneut. Und: Hat ein Kind etwas einmal erklärt, brauchen wir es ihm nie mehr zu erläutern, es sitzt bei ihm richtig „fest". Lassen Sie den Schülern Zeit, sich gegenseitig Lerninhalte zu erklären. Probieren Sie es aus. Wir sind sicher, Sie werden staunen, wenn Sie sich dieses Prinzip noch nicht zu Nutze gemacht haben.

*Erklären ist Wiederholen, Üben und Anwenden –
ein Lernen auf höherer Ebene!*

Kinder scheinen das unbewusst zu spüren. Wir haben die Erfahrung gemacht, dass nur die Kinder für Fragen anderer Schüler offen sind, die den Lerngegenstand wirklich durchschaut haben. Dann geben sie gerne und fast enthusiastisch Auskunft. Dass sie dabei den Inhalt trainieren, ist ihnen nicht wirklich bewusst, aber gerade das ist die Art und Weise des Lernens, die wir für besonders sinnvoll halten.

Immer wieder können wir beobachten, mit welcher Ruhe und mit welchem Interesse ein jüngeres Kind einem älteren zuhört, wenn ihm eine schwierige Aufgabe erklärt wird. Auch wenn manche Erklärung für uns Erwachsene nicht nachvollziehbar ist, Kinder verstehen sich. Und sie fragen so lange nach, bis sie es verstanden haben. Am schönsten ist, dass kein Kind etwas erklärt, um sich vor uns Lehrern darzustellen. Wir beobachten sie oft beim gegenseitigen Helfen und es ist deutlich zu sehen, dass sie in dem, was sie sagen, aufgehen und ganz bei der Sache sind. Sie erklären nicht für uns, sie erklären aus Hilfsbereitschaft.

„Kann ich mit dir rechnen?" – Kinder finden sich nach ihrem individuellen Leistungsstand zusammen

Im jahrgangsgemischten Unterricht arbeitet jedes Kind in seinem Tempo und an dem Stoff, der seinem Lernniveau entspricht. Wochenplanarbeit, Freiarbeit, Projektarbeit, Lernen in Werkstätten machen das möglich. Kein Kind muss ein halbes Jahr im Zwanziger-Raum rechnen, obwohl es längst den Zahlenraum bis 10.000 beherrscht. Ebenso erhält ein langsames Kind auch im zweiten Jahrgang die Möglichkeit, die Addition mit Zehnerüberschreitung so lange zu üben, bis sie sicher beherrscht wird.

Jahrgangsmischung deckt den Lernstand des Kindes schneller auf!

Uns wurde der Vorteil dieses individuellen Arbeitens im jahrgangsgemischten Unterricht wieder deutlich, als ein Erstklässler einem Zweitklässler beim Aufsagen der 1x1-Reihen für den 1x1-Führerschein (➥ Wie behalten wir den Überblick? Lese-Ausweise und Co., S. 88) die Ergebnisse vorgesagt hat. Am nächsten Tag hat ihm ein Kind aus dem dritten Jahrgang das Multiplikationsbrett erklärt und er hat mit seinem eigenen Führerschein begonnen.

In diesem Schuljahr kam ein Erstklässler in unsere Lerngruppe, bei dem sich schnell herausstellte, dass er bereits lesen und schreiben kann. Eines Tages unterhielten wir uns mit dem Jungen in der Hofpause. Er erzählte, wie groß sein Vater sei, und fragte, wie groß denn unsere Partner seien. Wir verrieten es und nach einer kleinen Bedenkzeit sagte er uns, wie viele Zentimeter sein Vater größer sei als unsere Männer.

Daraufhin testeten wir die Rechenfähigkeiten des Jungen und seit der zweiten Schulwoche nimmt er am Mathematikunterricht des 3. Jahrgangs teil.

Wir haben uns schon manches Mal gefragt, wie lange es in einer jahrgangshomogenen Lerngruppe gedauert hätte, bis wir gemerkt hätten, was dieses Kind bereits alles kann. Durch Altershomogenität werden unserer Meinung nach Lernchancen vertan. Leistungsunterforderung oder Leistungsüberforderung frustriert Kinder und sie verlieren die Lust am Lernen, wenn sie beispielsweise gezwungen sind zu warten, bis alle Kinder der Klasse mit der Bearbeitung einer Aufgabe fertig sind, damit gemeinsam weitergearbeitet werden kann.

Neben den fachlichen Vorteilen ergeben sich aber auch noch soziale Vorteile.

Schon wieder etwas Neues?

Die sozialen Vorteile

„Das möchte ich auch können" – Ältere Kinder sind Zugpferde

Im vorangegangenen Beispiel wurde bereits deutlich, dass die älteren Kinder für die jüngeren Zugpferde und Motivatoren sein können – und das ganz nebenbei. Im alltäglichen Lernprozess können die Kinder des 1. Jahrgangs beobachten, was die Kinder des 2. und 3. Jahrgangs tun. So mancher Schüler entdeckt den Lernstoff der höheren Klassen für sich selbst und fragt dann das ältere Kind, ob es sich bei der Arbeit anschließen darf, oder arbeitet daraufhin, bald denselben Lernstoff zu meistern. Viele Kinder beginnen mit dem Erlernen der Schreibschrift, weil sie sehen, dass andere Kinder „so schön schreiben können". Sie lassen sich motivieren, wenn sie sehen, dass andere Kinder etwas können, was sie noch nicht beherrschen.

In diesem Schuljahr kam eine neue Erstklässlerin zu uns, fünf Jahre alt. In den ersten Stunden waren fast alle Kinder des ersten Jahrgangs „neugierig", nur dieses Mädchen hielt sich sehr zurück. Sie wollte nur malen und hatte weder Mut noch Lust, etwas auszuprobieren. Wir haben uns entschlossen, ihr die Zeit zu geben, die sie braucht, um aus sich heraus Freude und Interesse am Lernen zu entwickeln. In einem Elterngespräch holten wir uns dazu das Einverständnis der Eltern. Was sollen wir sagen? Heute ist es eine Freude, sie arbeiten zu sehen. Sie setzte sich anfangs mit ihrem Geschichtenbuch neben ihre Freundin, die schon fleißig die Buchstaben übte, und malte. Nach der 6. Schulwoche schrieb sie selbst und bearbeitet seitdem alle gestellten Aufgaben zuverlässig und interessiert. Wenn es ihr zu viel wird, nimmt sie sich ihr Geschichtenbuch und malt etwas hinein.
Setzen Sie Vertrauen in den Lernwillen!

Sicher ist es unterstützend, wenn Sie für sich selbst, dem Kind eine bestimmte Zeit für persönliche Entwicklungsprozesse zur Verfügung stellen. Legen Sie z. B. fest: „Bis zu den Herbstferien warte ich mit unterstützenden Maßnahmen ab und beobachte lediglich den Lernfortschritt und das Arbeitsverhalten des Kindes". Für diesen definierten Zeitraum können Sie dann vielleicht ganz einfach loslassen und in die Entwicklung des Kindes vertrauen.

In solchen Momenten freuen wir uns, dass wir in jahrgangsgemischten Klassen arbeiten – ein Konzept, bei dem das Lernen aus der eigenen Motivation sowie aus der Motivation durch andere Kinder die Grundlage bildet.

„Bitte sei leise" – Kinder vermitteln „Traditionen" unter sich

Im Laufe der Zeit haben sich in Ihrer Klasse sicher viele Rituale und Arbeitsformen angesammelt. Wenn Sie eine Klasse abgeben, beginnen Sie mit den neuen Schülern ganz von vorne, eine Atmosphäre gemeinsamen Lernens aufzubauen. Mit der alten Klasse haben Sie auch alle eingeübten und gemeinsam verabredeten Rituale und Arbeitsformen abgegeben.

In gemischten Lerngruppen werden diese jedoch von den älteren Schülern an die jüngeren Schüler weitergegeben, wodurch Sie als Lehrer stark entlastet werden.

Kinder geben Rituale weiter!

Auch wenn am Schuljahresanfang neue Erstklässler zu uns kommen, erklären wir selten unsere Traditionen und Rituale – wir leben sie vor. Wenn wir z.B. im Morgenkreis zusammensitzen, geben wir uns alle die Hand und wünschen uns einen guten Morgen. Natürlich funktioniert das ohne viel Erklären. Oder unser gemeinsames Frühstück ... Wir Lehrer erläutern dazu nichts. Die Paten nehmen ihre Schützlinge an die Hand. Und selbst wenn einmal ein Ritual zu erläutern ist, übernehmen das die Kinder. So wurde in einem unserer ersten Morgenkreise von den älteren Kindern erklärt, was es mit dem Flüsterkönig auf sich hat und seitdem gibt es dazu keine Fragen mehr. Es ist alles eben im Fluss.

Wir haben im letzten Schuljahr das Ritual des Flüsterkönigs von den Kollegen aus der Parallelklasse übernommen (→ Freiarbeit und Wochenplan, S. 38 und Alle helfen mit: Kinder, S. 97). Bereits jetzt arbeiten hierbei Kinder des dritten und des zweiten Jahrgangs zusammen. Wir sind sicher, dass im nächsten Schuljahr ohne unser Dazutun ein Kind aus dem jetzigen ersten Jahrgang das Amt mit ausüben wird.

„Ich nehme dich an die Hand" – Kinder sind Vorbilder

Wenn Sie eine altershomogene Klasse neu übernehmen, besonders wenn dies eine erste oder zweite Klasse ist, sind Sie die Autoritätsperson und in der Schule ein wichtiges, vielleicht das einzige Vorbild für die Schüler. Nicht jeder Lehrer empfindet das als leicht.

Geben Sie etwas von der „Last" ab, das einzige Vorbild zu sein!

1 Schon wieder etwas Neues?

In jahrgangsgemischten Klassen bleiben Sie zwar Vorbild und sicher auch Autorität. Doch Sie werden sehen, dass es zu einer äußerst entlastenden Verteilung kommt.

  Kinder lernen gut von Kindern durch Abschauen und Nachahmen!

Kinder lernen gerne und auch wirklich gut von anderen Kindern, allein durch Abschauen. Bei uns sind besonders die Drittklässler für unsere Erstklässler wichtige erste Ansprechpartner und Vorbilder. Kinder des zweiten und dritten Jahrgangs sind schon groß, kennen sich in der Schule aus, können schon lesen und schreiben; sie sind jedoch nicht unerreichbar für unsere Schulanfänger. Um dieses gegebene soziale System zu nutzen, haben wir jedem neuen Erstklässler einen Zweit- oder Drittklässler als Paten zugeteilt (➡ Alle helfen mit: Kinder, S. 103).

  Nutzen Sie die Vorbildfunktion der älteren Kinder.

Paten System

Eine Schülerin aus dem zweiten Jahrgang kann sich manchmal in der Wochenplanarbeit schlecht konzentrieren. Nach Absprache mit ihrer Patin aus dem dritten Jahrgang sitzen diese beiden Kinder jetzt oft zusammen und die Ältere unterstützt die Jüngere dabei, zu arbeiten und ihre Aufmerksamkeit richtig zu lenken. Und das in einer Atmosphäre des Vertrauens unter „Gleichgesinnten". Es ist für den Schüler etwas anderes, wenn ein Mitschüler zum Arbeiten anleitet, als wenn der Lehrer zum Weiterarbeiten aufruft.

„Ich bin nicht immer gleich" – Kinder können sich verändern

Kinder, die in drei Jahrgängen gemeinsam lernen, haben einen weiteren entscheidenden sozialen Vorteil:
Im Verlauf der Gruppenprozesse geraten Kinder schnell in bestimmte Rollen. Im Laufe eines Schuljahrs entwickelt sich ein Schüler z.B. zum Klassenclown. Oft behält der Schüler diese eine Rolle, vielleicht bis er die Schule wechselt.
Wir haben jedoch ganz andere Beobachtungen machen können: Ein Kind, das sich im zweiten Jahrgang oft als Gruppenclown aufgespielt hat, übernahm im dritten Jahr eine Patenschaft für einen Erstklässler. Die neue Aufgabe hat seine Position im ganzen Gruppensystem verändert. Für niemanden war er mehr ein Clown. Er hatte die Möglichkeit, seine verantwortungsbewusste Seite zu entdecken und zu leben.

In jahrgangsheterogenen Klassen ergeben sich für die Kinder immer wieder andere soziale Rollen!

Kinder haben in jahrgangsgemischten Klassen die Chance, jedes Jahr eine neue Rolle im sozialen Gefüge der Lerngruppe einzunehmen.

„Ich bin nicht anders" – Kinder können in ihrer Gruppe verweilen

Im jahrgangsheterogenen Unterricht ergibt sich grundsätzlich für die Kinder der Vorteil, dass sie im Falle einer Jahrgangsstufenwiederholung in ihrer Lerngruppe bleiben können. Es gibt kein Sitzenbleiben im herkömmlichen Sinn, weil das Kind nicht durch die Wiederholung einer Klassenstufe alle seine sozialen Bezugspunkte auf einmal verliert.

Im jahrgangsübergreifenden Unterricht können Kinder auch bei der Wiederholung einer Klassenstufe ihre sozialen Kontakte erhalten.

Das Kind hat hier die Möglichkeit, sich auf den Lernstoff zu konzentrieren, die Wiederholung für sich zu nutzen, seiner eigenen persönlichen Entwicklung Raum und Zeit zu geben, anstatt sich mit dem Aufbau neuer Freundschaften, einer neuen Position in der Klasse, einem neuen Klassenraum und neuen Lehrern mit neuen Methoden auseinandersetzen zu müssen. Für die Regelschule gilt dies neuerdings wenigstens für die Schuleingangsphase, ab dem dritten Schuljahr, mit dem Eintritt in die Jahrgangsklassen verändert sich dies jedoch wieder. Das Kind, das hier sitzen bleibt, verliert seine ganzen sozialen Bezüge. Es muss sich in einer neuen Klasse eine neue Position „erarbeiten", sich in ein bestehendes System einarbeiten.

Schon wieder etwas Neues?

Es liegt auf der Hand, dass in diesen emotionalen Stress viel Kraft und Energie fließen, die an anderer Stelle fehlen.

Jahrgangsgemischter Unterricht bietet auch in speziellen Fällen viele Vorteile für das einzelne Kind.
Sie kennen sicher auch solche Kinder, die den fachlichen Anforderungen ihrer Klassenstufe nicht gerecht werden können, obwohl sie sich nach ihren Kräften bemühen. Sie leiden sehr darunter. Sonderbehandlungen geben ihnen jedoch das Gefühl, noch „schlechter" zu sein, wodurch sie häufig in ein emotionales Tief geraten. Sie verschließen sich und irgendwann ist ein Herankommen an sie nicht mehr möglich.
Was tun Sie in einer jahrgangshomogenen Schulstruktur in solchen Fällen? Versetzen? Nicht versetzen? Es bleibt eine schwierige Entscheidung. Im jahrgangsgemischten Unterricht fällt sie unserer Meinung nach jedoch etwas leichter.
Wenn psychologische und soziale Bedingungen die Entwicklung des Kindes positiv beeinflussen, können Sie in einem jahrgangsgemischten Unterricht das Kind in den nächsten Jahrgang versetzen, es dann jedoch am Fachunterricht der niedrigeren Klassenstufe teilnehmen lassen. Sie können durch die Versetzung die Lernmotivation des Kindes erhalten, vielleicht sogar erhöhen, und es trotzdem seinen fachlichen Fähigkeiten entsprechend fördern.

Im letzten Jahr gab es einen Erstklässler, dem das Lernen aus ganz persönlichen Gründen sehr schwer fiel. Wir zogen in Betracht, ihn im ersten Jahrgang verweilen zu lassen. Nach vielen Überlegungen und Gesprächen mit den Eltern und untereinander wurde uns klar, dass ein Verweilen ihn in seiner Entwicklung um Längen zurückgeworfen hätte. So entschieden wir, dass er in die nächste Klassenstufe wechselt, jedoch weiterhin am Fachunterricht des 1. Jahrgangs teilnimmt.

Durch sichere soziale Strukturen können die Kinder ihre Energie auf das Lernen konzentrieren.

Alles, was wir Ihnen an Vorteilen berichtet haben, ist keine neue wissenschaftliche oder pädagogische Erkenntnis – verschiedene bewährte pädagogische Konzepte zeigen, dass in einer guten sozialen Erziehung auf die beschriebenen Aspekte nicht verzichtet werden kann.

Warum ist das alles nichts Neues? – Pädagogische Konzepte

Im Folgenden wollen wir Ihnen keine Zusammenfassung der Reformpädagogik servieren. Wenn Sie das gewollt hätten, hätten Sie sich wahrscheinlich für ein anderes Buch entschieden. Ein kurzer Überblick soll jedoch zeigen, dass die größten Pädagogen unserer Zeit, die die optimale Entwicklung des Kindes als oberstes Ziel hatten, auf eine Altersmischung in der Lerngruppe nicht verzichten konnten.

 Keine optimale Entwicklung des Kindes ohne Jahrgangsmischung!

Wer waren diese Pädagogen? Sie erahnen es sicher, z.B.:
→ Maria Montessori (1870–1952)
→ Peter Petersen (1884–1952) – manchem vielleicht besser bekannt durch das Konzept des Jena-Plans
→ und Célestin Freinet (1896–1966)

 Das Prinzip der Jahrgangsmischung ist nahezu 100 Jahre alt!

Maria Montessori[2] – die erste Ärztin in der italienischen Geschichte – begann ab 1900, während ihrer pädagogischen Arbeit mit geistig behinderten Kindern, eine spezielle Lehrmethode zu entwickeln. Die Grundlagen dieser Methode sind besondere Lernmaterialien, die Freiarbeit und die Jahrgangsmischung.
Das Material orientiert sich am Drang des Kindes, alle Phänomene seiner Umwelt erforschen zu wollen, und an den so genannten „sensiblen Perioden", d.h. den entwicklungsbedingten Zeitfenstern mit einer besonderen Empfänglichkeit für bestimmte Lerninhalte. Die Materialien werden in einer „vorbereiteten Umgebung" im Rahmen der „Freiarbeit" angeboten: Das Kind entscheidet selbst über die Art der Arbeit, seine Arbeitspartner und den Zeitrahmen, jedoch unter der Bedingung, dass die Freiheit der anderen Kinder nicht verletzt wird. Die Freiarbeit findet in jahrgangsgemischten Lerngruppen statt, in denen sich die Kinder durch ihren unterschiedlichen sozialen und kognitiven Entwicklungsstand gegenseitig fördern sollen.

 Lernmaterialien, Freiarbeit und Jahrgangsmischung als Grundlage für die selbstgesteuerte Entwicklung des Kindes.

Schon wieder etwas Neues?

Betrachten wir kurz **Peter Petersens** Jena-Plan:
Wie Eichelberger[3] schreibt, wurde Peter Petersen um 1920 in Jena beauftragt, die universitäre Volksschullehrerbildung aufzubauen. Peter Petersen legte seinem Denken zu Grunde, junge Menschen zu Selbstbestimmung zu erziehen. Schule sollte ein Lebensraum sein und der Unterricht in Fächern überwunden werden.

Neben den inneren Schwerpunkten des Jena-Plans (die Feier, das Spiel, die Arbeit und das Gespräch als Bildungsgrundformen) gibt es ein deutliches äußeres Kennzeichen: In dem komplexen Konzept des Jena-Plans arbeiten die Kinder in Stammgruppen. Sie umfassen jeweils drei Schuljahrgänge.

ABER: Ja, es gibt auch bei Peter Petersen homogene Lerngruppen. Diese sind jedoch nicht nach dem Alter „homogenisiert", sondern nach dem Leistungsstand der Kinder. Für differenziertes und leistungsbezogenes Arbeiten in einzelnen Fächern gibt es zusätzlich zu den Stammgruppen so genannte Niveaugruppen.

Homogen ja, aber nur im Leistungsstand!

... und **Célestin Freinet**:

Die Pädagogik Freinets war, so schreibt es Eichelberger[3], eine Pädagogik mit dem Anspruch, die Gesellschaft zu verändern. Kinder sollen lernen, sich auszudrücken, um in einer Demokratie leben zu können – selbstbestimmt und verantwortlich für sich und andere. Es liegt auf der Hand, dass dieser Anspruch ohne eine Altersmischung in der Lerngruppe fast nicht bzw. viel schwerer verwirklicht werden kann. Freinet, der den Schwerpunkt auf die Handlungsorientierung legte, sah in der jahrgangsheterogenen Gruppe die intensivere Zusammenarbeit der Schüler überhaupt erst ermöglicht.

Schule soll das Leben in einer Demokratie vermitteln –
wo geht das besser, als in jahrgangsgemischten Klassen?

Kapitel 2

Wo sollen wir nur anfangen?

Praktische Tipps

Wo sollen wir nur anfangen?

In unserer Schule

> **Was muss ich bedenken? –**
> **Rechtliche Hintergründe**

Im Schulgesetz und in der Grundschulverordnung der Bundesländer sind die einzelnen Vorschriften für die Umsetzung eines jahrgangsübergreifenden Unterrichts festgelegt.
Haben Sie bitte Verständnis dafür, dass wir im Folgenden von den Richtlinien für das Land Berlin ausgehen, da wir hier unterrichten. Um genauere Informationen zu Ihrem Bundesland zu erhalten, erkundigen Sie sich bitte im Bildungsministerium des Landes. Dort erhalten Sie Auskunft und Unterstützung.[4] Für die Berliner Schule gilt Folgendes: Laut Grundschulverordnung darf sich eine Schule auch außerhalb der Schuleingangsphase (Mischung von Klasse 1 und 2) entscheiden, den Unterricht teilweise oder ganz klassen- oder jahrgangsübergreifend zu erteilen. Es heißt:

> *„Bei jahrgangsübergreifendem Unterricht dürfen Lerngruppen gebildet werden, die bis zu drei aufeinander folgende Jahrgänge umfassen."*[5]

Dies ist für alle Lehrer und Schulen, die das Konzept der Jahrgangsmischung umsetzen wollen, sehr interessant, weil es die Verwirklichung enorm erleichtert. Sie brauchen keinen Schulversuch anzumelden und es sind auch keine Extragenehmigungen mehr nötig. Von Seiten des Senats wird lediglich darauf hingewiesen, dass ein Beschluss der Schulkonferenz die Grundlage bildet. Sie erachten es ebenfalls als sinnvoll, dass dieser Beschluss aus einem Vorschlag der Gesamtlehrerkonferenz hervorgeht.

Auch in anderen Ländern, beispielsweise NRW, ist eine Ausweitung der Jahrgangsmischung auf drei Jahrgangsstufen möglich. Dazu bedarf es des gemeinsamen Beschlusses der Schulleitung und der Schulaufsicht.

Dieser Hinweis ist gut nachzuvollziehen, denn besonders im jahrgangsübergreifenden Unterricht muss auf der Schulebene an vielen Stellen an einem Strang gezogen werden. Dazu im Folgenden mehr, aber erst noch ein Tipp:

> *Als jahrgangsübergreifender Unterricht in Berlin noch zu den Schulversuchen zählte, wurde in den Gesetzestexten darauf hingewiesen, sich für die Umsetzung und Durchführung dieses Schulversuches an das Landesinstitut für Schule und Medien (LISUM) zu wenden. Auch mit den vereinfachten Möglichkeiten zur Umsetzung dieser Unterrichtsart gehen wir davon aus,*

dass Ihnen Mitarbeiter des LISUM bei der Umsetzung des jahrgangsübergreifenden Unterrichts zur Seite stehen werden. Auch die anderen Bundesländer haben ähnliche Einrichtungen, wie das LISUM. [6]

Entscheiden Sie sich an Ihrer Schule gemeinsam dafür, einen jahrgangsgemischten Unterricht einzuführen, wäre es sicher sinnvoll, ein entsprechendes Schulprogramm zu entwerfen. In Ihrem Schulprogramm stellen Sie den Bildungs- und Erziehungsauftrag der Schule dar. Es werden Einzelheiten festgelegt, wie die pädagogische Zielsetzung an Ihrer Schule und die Umsetzung der Rahmenplanvorgaben zum schuleigenen pädagogischen Handlungskonzept. Auch die Umsetzung der Stundentafel wird festgelegt, denn für die Ausgestaltung des Schulprogramms kann von den einzelnen Bestimmungen der Stundentafel abgewichen werden, wie z.B. für die Bildung pädagogischer Schwerpunkte und besonderer Organisationsformen.

Da seit 2004 jede Schule ein Schulprogramm vorweisen muss, brauchen Sie die Einführung der Jahrgangsmischung und die damit zusammenhängenden Änderungen lediglich zu ergänzen. Auch hierbei hilft z.B. das LISUM.

Das Schulgesetz erläutert die Erstellung eines Schulprogramms (§ 8, Absatz 1–5); genehmigt wird es durch die Schulaufsichtsbehörde.

Wer mit wem, wie soll das gehen? – Personalfragen

Doppelsteckung – die Basis eines guten jahrgangsübergreifenden Unterrichtes

Wenn Sie sich nun dafür entscheiden, an Ihrer Schule jahrgangsgemischte Lerngruppen einzuführen, sollten Sie alles daran setzen, so viele Stunden wie nur möglich zu zweit zu unterrichten – in Ihrem eigenen Interesse und im Interesse der Kinder. Unserer Meinung nach ist es so erst wirklich möglich, alle Vorteile des gemeinsamen Lernens auszuschöpfen.

Das Lehren in einer altersgemischten Gruppe braucht Aufgabenverteilung und gegenseitige Unterstützung. Denn, wie bereits erwähnt, verlangt ein altersheterogener

Wo sollen wir nur anfangen?

Unterricht eine Umstrukturierung der Arbeitsmethode, hin zu einem offenen Unterricht – und offener Unterricht verlangt individuelle Förderung des Kindes!
Wir möchten Ihnen deshalb ans Herz legen: Schöpfen Sie alles aus, was im rechtlichen Rahmen möglich ist, um Team-Teaching in möglichst vielen Unterrichtsstunden zu realisieren.
Auch wir unterrichten im jahrgangsgemischten Unterricht teilweise alleine, da das vorhandene Stundenkontingent nicht in allen Stunden eine Doppelsteckung zulässt. In den Stunden, in denen wir jedoch zu zweit arbeiten, können wir den individuellen Bedingungen eines jahrgangsgemischten Unterrichtes viel besser gerecht werden.

Doppelsteckung – Woher nehmen, wenn nicht stehlen?

Wahrscheinlich kennt sich Ihre Schulleitung gut in den Richtlinien der Lehrerstundenzumessung aus. Jeder Schule wird ein bestimmtes Stundenvolumen zugeteilt; die Schulleitung verteilt die Stunden entsprechend des Schulkonzeptes.
An dieser Stelle sollen Sie trotzdem einige Anregungen erhalten, welche Stunden für eine Doppelsteckung verwendet werden könnten – vielleicht sind Ihnen diese Informationen nützlich, falls Sie erst noch Überzeugungsarbeit leisten müssen …
Im Schulgesetz und den anderen Gesetzestexten werden Sie wahrscheinlich keine Stellungnahme zu einer Doppelbesetzung im Unterricht finden. Unterricht soll stets kostengünstig sein und das wäre er wahrhaftig nicht, nimmt man Team-Teaching als Standard auf, oder benennt zur Umsetzung offiziell Möglichkeiten. Die Diskussion, dass Deutschland damit fast allen anderen europäischen Ländern nachsteht, denn fast überall ist es Standard, dass Lehrer zu zweit unterrichten, ist an dieser Stelle wahrhaft müßig. Die Länder, die in der PISA-Studie gut abschneiden, sind Länder, in denen im Zwei-Lehrer-System unterrichtet wird. Aber Klagen nutzt bekanntlich nichts, hinnehmen müssen wir die Bedingungen derzeit ja doch. Welche Stunden könnten also für eine Doppelsteckung verwendet werden?
Zum einen steht jeder Klasse eine bestimmte Anzahl an Förderstunden zu. Es ist zu überlegen, ob diese Stunden nicht sehr sinnvoll in einem Team-Teaching untergebracht sind, da Sie in einem Zwei-Lehrer-System grundsätzlich intensiver mit den Kindern arbeiten, wodurch alle Kinder besser ge-„fördert" werden. Gleiches gilt für Integrationsstunden.
Einige Schulen erhalten Extrastunden für den Unterricht mit Kindern nicht deutscher Herkunft. Sie könnten auch diese Stunden für eine Doppelsteckung verwenden, denn wenn Sie zu zweit unterrichten, können Sie diesen Kindern sicher ausreichend gerecht werden.
Außerdem erhält jede Schule Teilungsstunden. Unterrichten Sie in einer jahrgangsgemischten Klasse zu zweit, ist es nicht nötig, und auch dem Konzept nicht dien-

lich, die Klasse zu teilen. Verwenden Sie auch diese Stunden und Sie haben sich schon wieder Stunden für das gemeinsame Unterrichten geschaffen.

Des Weiteren erhält die gesamte Schule für Klassen mit mehr als 24 Kindern einen Frequenzausgleich. Auch diese Stunden können dem Team-Teaching zugeführt werden.

Unbedingt sollten folgende Möglichkeiten beim zuständigen Ministerium / Senat abgeklärt werden:

Für Sondermaßnahmen, wie z.B. Schulversuche, erhalten Schulen zusätzliche Stunden. Auch wenn der jahrgangsübergreifende Unterricht nicht mehr zu den Schulversuchen zählt, könnte es sein, dass unter einem anderen Namen für derartige Projekte noch Stunden zur Verfügung gestellt werden.

Bitte, lassen Sie sich nicht abschrecken. Wir können nur immer wieder betonen, wie sehr sich jede Mühe lohnt, einen jahrgangsgemischten Unterricht umzusetzen. Lesen Sie nur weiter. Wir haben uns vorgenommen, Sie auf den Geschmack zu bringen!

Ja, wer denn nun mit wem und wie soll das denn überhaupt gehen?

Wir haben das Gefühl, dass es gut wäre, Ihnen noch einmal nahe zu bringen, warum das Arbeiten im Team von so großem Vorteil ist. Wir haben nämlich die Erfahrung gemacht, dass sich viele Lehrer sträuben, zu zweit zu unterrichten. Sie haben das Gefühl, sie wären dann nicht mehr eigenständig und müssten zu viel gemeinsam absprechen. Manche Lehrer hört man sogar sagen, dass sie sich auf keinen Fall „in die Karten sehen lassen möchten", denn genau solche Vorstellung haben sie von einem gemeinsamen Unterrichten.

Möglicherweise hatten aber diese Lehrer nur noch nicht die Chance, die Vorteile einer gegenseitigen Unterstützung und Arbeitsaufteilung zu erfahren.

Sympathie:

Sicher ist es wichtig und von Vorteil, dass Sie sich mit Ihrem Kollegen gut verstehen. Das erleichtert die Arbeit um ein Vielfaches. Den perfekten Partner haben Sie unserer Meinung nach, wenn Absprachen auf Blickkontakt funktionieren, wenn Sie z.B. die Leitung des Morgenkreises nicht mehr explizit absprechen, sondern wenn dazu ein Blick ausreicht.

Doppelsteckungen sollten daher in jedem Fall auf der Grundlage von gegenseitiger Sympathie entschieden werden. Ein Drittel Ihrer Arbeitszeit werden Sie vermutlich zusammen unterrichten. Sollten Sie mehr Stunden für Team-Teaching zusammen bekommen, erhöht sich diese Zahl natürlich.

Wo sollen wir nur anfangen?

Zuständigkeiten:
Sie sind beide gleichberechtigte Klassenlehrer. Für die Kinder ist das ganz klar. Interessant wird das Arbeiten im Zwei-Lehrer-System deshalb, wenn Sie es sich richtig zu Nutze machen, und dazu gehört bei uns z.B. das Aufteilen von Zuständigkeiten. Das Verteilen von Prioritäten bei der Arbeit kann Sie ungemein entlasten. Dazu braucht es nur eine einzige Bedingung: Sie müssen loslassen können, sonst gibt es zwischen Ihnen und Ihrem Kollegen ein Chaos.

Unsere Erfahrungen und Gespräche mit Lehrern anderer Schulen haben gezeigt, dass das für viele Kollegen die größte Hürde zu sein scheint. Wahrscheinlich waren viele Lehrer eine lange Zeit auf sich allein gestellt, mussten alles alleine durchdenken und allein entscheiden. Nun sollen Sie sich aus bestimmten Bereichen zurückziehen? JA! Lehnen Sie sich zurück und kümmern sich doch einfach nur um „Ihre Bereiche". Ist das nicht super?

Wie Sie eine sinnvolle und praktikable Arbeitsteilung erreichen können, erfahren Sie im weiteren Verlauf des Buches. (➡ Alle helfen mit: Kollegen, S. 113).

Wer mit wem, wie soll das gehen? – Lerngruppenzusammensetzung

Eine ganz grundsätzliche Entscheidung, die Sie zu Beginn Ihrer neuen Arbeit treffen müssen, ist, welche Jahrgänge Sie zu einer Lerngruppe zusammenfassen möchten. Das hängt zunächst einmal davon ab, in welchem Bundesland Sie unterrichten. In Berlin und Brandenburg besuchen die Kinder sechs Jahre lang die Grundschule, während es in den anderen Bundesländern vier Jahre sind.

Im Fall der sechsjährigen Grundschulzeit können Sie sich an den Modellen der Reformpädagogen Maria Montessori und Peter Petersen orientieren, die jeweils drei Jahrgänge zu einer Lerngruppe zusammengefasst haben. So würden jeweils Lerngruppen aus Erst- bis Drittklässlern sowie aus Viert- bis Sechstklässlern gebildet. Die Schule, an der wir unterrichten, arbeitet auf diese Weise. Da wir eine Lerngruppe von Erst- bis Drittklässlern unterrichten, werden wir uns in den nachfolgenden Kapiteln immer wieder auf diese Gruppierung beziehen.

Aber selbstverständlich können Sie die vorgestellten Möglichkeiten auf andere Konstellationen übertragen. Dies wird sich beispielsweise zwangsläufig ergeben, wenn Ihre Schule nur von Kindern bis zur vierten Klasse besucht wird. In diesem Fall haben Sie im Grunde drei verschiedene Möglichkeiten, jahrgangsgemischte Lerngruppen zu bilden:

Erstens können Sie Erst- und Zweitklässler sowie Dritt- und Viertklässler zusammenfassen. Das erscheint vielleicht auf den ersten Blick, die einfachste Variante zu sein. Allerdings haben unsere Erfahrungen gezeigt, dass gerade die Drittklässler aufgrund Ihrer sozialen Reife entscheidend zum Gelingen des gemeinsamen Unterrichts beitragen, indem sie vielfältige Aufgaben und Verantwortungen übernehmen und Vorbild sind. Zwischen zwei Jahrgängen sind die Unterschiede teilweise noch zu gering. Es besteht die Gefahr, doch wieder alle über „einen Kamm scheren" zu wollen.

Eine zweite Variante wäre die Bildung von Lerngruppen aus den Jahrgängen eins, zwei und drei. Der vierte Jahrgang würde dann wieder homogen geführt. Dieses Vorgehen wird teilweise damit begründet, dass in der vierten Klasse die Vorbereitung auf die weiterführenden Schulen geleistet werden müsse und daher eine andere Unterrichtsorganisation erforderlich sei. Allerdings widerspricht diese Vorgehensweise der grundlegenden Idee der Jahrgangsmischung. Denn warum sollten die Vorteile nur für bestimmte Jahrgänge gelten? Werden die Kinder bei dieser Unterrichtsform etwa nicht genügend auf die Zeit nach der Grundschule vorbereitet? Aufgrund dieser Überlegungen bietet sich die dritte Variante an: Es können Lerngruppen aus den Jahrgängen eins bis vier gebildet werden. Im Rahmen von Hospitationen an verschiedenen Schulen konnten wir uns davon überzeugen, dass dieses Modell ausgezeichnet funktioniert.

Wenn Sie sich nun gemeinsam mit Ihren Kollegen einig geworden sind, welche Jahrgänge Sie zu einer Lerngruppe zusammenfassen wollen, steht die nächste Überlegung an: Wie kann man diese Mischung konkret aufbauen?
Anhand des Modells an unserer Schule (Mischung Jahrgang 1–3 sowie 4–6) soll Ihnen dies verdeutlicht werden:

Führen Sie an einer bestehenden Schule die Jahrgangsmischung ein, sollten Sie beispielsweise je eine 1. und eine 2. und im Falle einer Mischung der ersten drei Jahrgänge eine 3. Klasse zu insgesamt drei jahrgangsgemischten Lerngruppen zusammenführen. Arbeiten Sie am Aufbau einer Schule, bietet sich folgendes Modell an. Tasten Sie sich Schuljahr für Schuljahr an die Altersmischung heran:
Wenn Sie im ersten Jahr Ihres Bestehens mit einer 1. Klasse beginnen, kommt im zweiten Jahr eine neue 1. Klasse hinzu. Beide Klassen werden geteilt und dann zusammengeführt. Sie erhalten im 2. Schuljahr somit zwei Lerngruppen mit jeweils der gleichen Anzahl Kinder aus dem 1. und dem 2. Jahrgang. Sollten Sie drei Jahrgänge zusammenfassen, kommt im 3. Schuljahr wieder eine neue 1. Klasse hinzu. Diese wird, genauso wie die beiden bestehenden Lerngruppen, gedrittelt, denn es sollen jeweils drei jahrgangsgemischte Lerngruppen entstehen, mit jeweils der gleichen Anzahl Kinder aus jedem Jahrgang.

Wo sollen wir nur anfangen?

So bauen Sie eine Schule nach und nach auf. In dem beschriebenen Modell besteht damit eine so genannte einzügige Schule. Gleiches können Sie natürlich auch mit einer zweizügigen Schule praktizieren. Sie haben im Bereich von Klasse 1–3 dann sechs Lerngruppen.

Wir hoffen, dass wir Ihnen mit diesem Beispiel eine Hilfe zur Hand geben konnten, an Ihrer Schule einen Aufbau vornehmen zu können. Selbstverständlich sind andere Vorgehensweisen denkbar, vielleicht sogar nötig, wenn Sie andere Jahrgänge mischen wollen oder müssen. Allerdings möchten wir Sie nicht zu sehr verwirren und beschränken uns daher auf dieses eine Beispiel, das Sie dann gegebenenfalls an Ihre aktuelle Situation anpassen können.

Neben dem generellen Problem des Aufbaus gibt es einige Dinge, die Sie in jedem neuen Schuljahr bei der Lerngruppenzusammenstellung beachten sollten. Grundsätzlich empfiehlt es sich, auf ein zahlenmäßig ausgewogenes Verhältnis von Jungen und Mädchen sowie den Kindern der verschiedenen Jahrgänge zu achten, falls dies möglich ist.
Darüber hinaus sollten – wie an jeder anderen Schule auch – einige allgemeine Aspekte beachtet werden, wie zum Beispiel diese: Welche Kinder kennen sich schon aus dem Kindergarten? Welche Kinder wohnen in derselben Gegend bzw. in demselben Stadtteil? Gibt es bereits bekannte Lern- oder Verhaltensauffälligkeiten? Wie viele Kinder gibt es, die nicht über ausreichende Deutschkenntnisse verfügen? Wenn es mehrere Parallelklassen gibt, sollte man nach Möglichkeit bestehende positive Beziehungen aufrechterhalten und gleichzeitig eine Häufung „problematischer" Fälle in einer Lerngruppe vermeiden.

Rechnen, Schreiben, Lesen – Der Stundenplan

In einem jahrgangsgemischten Unterricht ist die Öffnung des Unterrichts grundlegend. Dazu werden Sie im Folgenden noch mehr erfahren. Mit einem Wochenplanunterricht können Sie diesem Prinzip sehr gut gerecht werden (➡ In unserer Klasse: Freiarbeit und Wochenplan, S. 33). Nur: Wo „zaubern" Sie die Stunden des Wochenplanunterrichts her? Dem Schulgesetz ist eine Stundentafel beigefügt, die Sie auch einzeln aus dem Internet beziehen können. Die Stundentafel regelt, wie viele Stunden in den einzelnen Fächern unterrichtet werden müssen. Sie ist nach

Jahrgängen unterteilt. Mit geringen Abstufungen sind die Stundentafeln für Klasse 1 und 2 sowie 3 und 4 nahezu gleich.

Da in jedem Bundesland unterschiedliche Regelungen anzutreffen sind, werden wir Ihnen nun am Beispiel des Landes Berlin eine mögliche Stunden- bzw. Fächerverteilung vorrechnen. Nutzen Sie dies als Anregungen für Berechnungen, die den Vorschriften Ihres Bundeslandes entsprechen.

Studiert man die Berliner Stundentafel einmal in Ruhe, stellt man fest, dass sie eine Jahrgangsmischung leicht möglich macht. Die Stundenzahl der einzelnen Unterrichtsfächer ist in den Jahrgängen 1–3 und 4–6 fast gleich verteilt. Dies erleichtert die Erstellung des Stundenplans und die Einpassung des Wochenplanunterrichtes enorm.

Bleiben wir, beispielhaft für unsere Schule, bei den Jahrgängen 1–3 und schauen uns einmal die empfohlene Stundenverteilung für das Land Berlin an:

Unterrichtsfach	Stundenzahl		
	Klassenstufe 1	Klassenstufe 2	Klassenstufe 3
Deutsch	6	7	7
Mathematik	5	5	5
Sachunterricht	2	2	3
Bildende Kunst	2	2	2
Musik	2	2	2
Sport	3	3	3
Fremdsprache			2

Jahrgang 2 und 3 erhalten eine Fachstunde Deutsch mehr als der 1. Jahrgang, Jahrgang 3 erhält zusätzlich eine Fachstunde mehr Sachunterricht. Ansonsten ist die Stundenverteilung in allen drei Jahrgängen identisch.

Was bedeutet dies für die Erstellung des Stundenplans der Lerngruppe mit den Jahrgängen 1–3?

Die wichtigste Überlegung besteht darin, zu entscheiden, wie viele Unterrichtsstunden der einzelnen Fächer Sie als reinen Fachunterricht anbieten möchten. Der „Rest" steht dann als Wochenplanstunden zur Verfügung. Das Kollegium unserer Schule hat sich beispielsweise auf folgende Struktur geeinigt:

Wo sollen wir nur anfangen?

Bei uns findet montags für alle Jahrgänge ein zweistündiger Deutsch-Fachunterricht (➥ In unserer Klasse: Der Fachunterricht, S. 61) statt.
Von den empfohlenen sechs Stunden Deutsch des 1. Jahrgangs verbleiben also nach Abzug der Doppelstunde vier Stunden für den Stundenpool des Wochenplanunterrichts.
Genau dieselbe Anzahl verbleibt auch aus dem Stundenpool „Deutsch" aus den Jahrgängen 2 und 3, der sieben Stunden beträgt, denn sie erhalten jeweils noch eine Stunde jahrgangshomogenen Deutschunterricht.
Da also in allen Jahrgängen die gleiche Anzahl Stunden aus dem Fachunterricht Deutsch „übrig bleibt", können diese vier Stunden als Stundenkontingent für den „Wochenplanstunden-Pool" zur Verfügung gestellt werden.
Gleiches gilt für den Mathematikunterricht. Jahrgang 1 und 2 erhalten jeweils eine ihrer fünf Fachstunden Mathematik als jahrgangshomogenen Fachunterricht. Vier Stunden stehen daher für den Stundenpool des Wochenplanunterrichts zur Verfügung.
Jahrgang 3 erhält zwei der fünf Stunden Mathematik als Fachunterricht, aus diesem Stundenpool stehen also nur drei Stunden für den Wochenplanunterricht zur Verfügung. Damit jedoch der ganzen Lerngruppe acht Stunden Wochenplanunterricht angeboten werden können, erhält der 3. Jahrgang zwei der drei Stunden Sachunterricht als Fachunterricht, zusammen mit Jahrgang 1 und 2. Die verbleibende Stunde steht dann dem Wochenplanstundenpool zur Verfügung.
Alle Jahrgänge können so acht Stunden Wochenplanunterricht erhalten.
Da die Stunden des Wochenplanunterrichtes für den 1. und 2. Jahrgang aus dem Deutsch- und Mathematikunterricht stammen, müssen die Kinder dieser Jahrgänge hauptsächlich Themen des Deutsch- und Mathematikunterrichtes bearbeiten.
Die Kinder des 3. Jahrgangs müssen im Wochenplanunterricht neben Deutsch und Mathematik auch sachunterrichtliche Schwerpunkte behandeln, da eine ihrer acht Wochenplanstunden aus dem Sachunterricht stammt.
Die Fächer Kunst, Musik, Fremdsprachen und Sport werden im jahrgangsgemischten Fachunterricht nach Stundentafel angeboten. Von diesen fließen keine Stunden in den Stundenpool des Wochenplanunterrichts.

Das hört sich doch gar nicht so schwer an, oder?
Weiter geht's ...

In unserer Klasse:

Nachdem nun in der Schule alles bestmöglich vorbereitet ist, alle Schlupflöcher genutzt wurden, Personalfragen geklärt sind und die Lerngruppen zusammengesetzt wurden, können Sie Ihre Klasse auf den jahrgangsübergreifenden Unterricht vorbereiten. Aber wie, fragen Sie sich? Los geht's!
Ein Tag kann so beginnen:

Der (offene) Unterrichtsanfang

Der vorbereitende Lehrer

Der Unterricht beginnt bei uns regulär um 8:15 Uhr, die meisten Kinder kommen ab 8:00 Uhr. Meistens sind wir Lehrer schon ab 7:50 Uhr in der Klasse. So bleibt uns Zeit zum Vorbereiten, wie z.B. die durchgesehenen Schülerarbeiten einzusortieren. Machen Sie sich bitte bewusst, dass dieses Konzept mit Ihnen steht und fällt. Das Kind nutzt die offene Anfangsphase gerne für sich, wenn im Raum Ruhe herrscht und es merkt, dass es die Möglichkeit hat, von Ihnen gesehen zu werden. Deshalb sollte Sie alle Arbeiten erledigt haben, bevor das erste Kind den Lernort betritt.

 Seien Sie für einen offenen Unterrichtsanfang präsent und vorbereitet.

Den Klassenraum als Lernraum erfahren

Ab 8:00 Uhr ist der Klassenraum ein Lernraum. Wer ihn betritt, entscheidet sich zum Arbeiten, Fragen, Helfen und – ganz wichtig – zum Flüstern.

 Der Klassenraum ist Lernraum!

Jeder Schüler wird von uns mit seinem Namen und einem Händedruck begrüßt, kann sich so wahrgenommen fühlen. Es ist eine Geste, die aussagt: „Schön, dass du da bist, lass uns gemeinsam lernen."

 Durch einen Händedruck ist jedes Kind wahrgenommen.

2 Wo sollen wir nur anfangen?

Einstieg in die Arbeit

Einige Kinder beginnen sofort, wenn sie kommen, also vor dem offiziellen Unterrichtsbeginn, mit ihrem Wochenplan (➡ In unserer Klasse: Freiarbeit und Wochenplan, S. 33). Andere holen z.B. Arbeiten nach, die sie durch Krankheit nicht geschafft haben, erledigen ihre Ämter, schreiben das Datum an, gießen Blumen etc. oder sie lesen einfach oder malen.

Diese Zeit dient auch dazu, sich als Lehrer einmal mehr einige Minuten in Ruhe Zeit für das einzelne Kind zu nehmen, Fragen zu klären, Arbeitshinweise zu geben oder Lernaufgaben zu überprüfen, wie z.B. den 1x1-Führerschein abzufragen (➡ Wie behalten wir den Überblick: Lese-Ausweise und Co., S. 88).

Einige Eltern nutzen diese offene Zeit, ihr Kind in den Raum zu begleiten, es an den Platz zu bringen und die Aufgaben des Tages gemeinsam mit dem Kind durchzusehen. Sie verschaffen sich einen Überblick über den Lernstand des Kindes oder nutzen diese Zeit auch dazu, kurz mit uns Fragen zu klären.

An manchen Tagen, wenn wir es einmal nicht schaffen gegen 7:50 Uhr in der Klasse zu sein, alles vorzubereiten und unsere Kinder in Ruhe in Empfang zu nehmen, fehlt uns direkt etwas. Es ist uns ein lieb gewordenes Ritual morgens in Ruhe mit den Kindern zu reden und uns wirklich einmal ein paar Minuten Zeit für den einzelnen Schüler zu nehmen. Wir achten darauf, dass die Klassenzimmertür angelehnt bleibt, dass auch die Eltern, die ihre Kinder zum Platz bringen, flüstern und dass wir vor die Tür gehen, wenn wir etwas mit ihnen besprechen wollen. Manche Eltern haben uns schon angesprochen und gesagt, dass seit der Einführung dieses Rituals ein ganz eigener Zauber vor der Klasse herrscht. Und das empfinden wir auch so. Probieren Sie es aus, wir versichern Ihnen, dass selbst ein sonst so chaotischer Montagmorgen richtig nett sein kann.

Die Schüler, die diese Extrazeit am Morgen nicht für sich nutzen wollen, halten sich im Teilungsraum auf oder spielen und reden leise auf dem Gang. Sie stoßen zum offiziellen Stundenbeginn leise dazu und beginnen dann selbstständig ihre Arbeit.

Durch diesen offenen Unterrichtsanfang verschiebt sich der Morgenkreis (➡ In unserer Klasse: Der Morgenkreis, S. 56) an das Ende der Stunde. Den Morgenkreis am Anfang der Stunde einzuplanen würde bedeuten, den fließenden Einstieg in den Tag zu unterbrechen, was wir für das Kind als nicht optimal ansehen.

Praktische Tipps

Freiarbeit und Wochenplan

Was ist Freiarbeit? Ein ganz kurzer Überblick

Wir möchten Ihnen an dieser Stelle keine Einführung in das große Thema der Freiarbeit und des Wochenplanunterrichts geben; dazu wurden bereits andere umfassende Werke veröffentlicht[7]. Jedoch für ein besseres Verständnis, vielleicht auch nur zur Erinnerung: Freiarbeit ist eine Unterrichtszeit, in der das Kind die Möglichkeit hat, eigene Entscheidungen bzgl. seiner Arbeit zu treffen, in der Regel hinsichtlich der konkreten Aufgabe, der genutzten Hilfsmittel, der Partner und des Zeitrahmens. Wulf Wallrabenstein charakterisiert dies sehr treffend:

> „Kinder wählen aus einem Angebot von Lernmöglichkeiten in einer Lernlandschaft freie Aktivitäten für sich aus, folgen ihren Lernbedürfnissen und beginnen im Rahmen ihrer Lernbiographie eigene Lernwege."[8]

 Freiarbeit ist selbstbestimmtes Lernen.

Was macht der Wochenplan in der Freiarbeit?

Es gibt sehr unterschiedliche Auffassungen und Ausprägungen der Freiarbeit: Freiarbeit kann ganz „frei" sein, also eine Unterrichtszeit, in der die Kinder wirklich nur an dem arbeiten, was sie sich selbst aussuchen und wofür sie sich persönlich interessieren. Das kann beispielsweise ein Lernspiel oder ein eigenes Projekt sein. Der Zeitrahmen, der für diese Art von Lernen reserviert ist, kann sehr unterschiedlich sein und von einer Stunde wöchentlich bis zu mehreren Stunden täglich reichen. Oft ist die Freiarbeit jedoch eine Zeit, in der mit Hilfe eines Wochenplans gearbeitet wird, der das Erreichen bestimmter Lerninhalte sichert und Pflichtaufgaben vorgibt. Aber auch hierbei finden sich noch zahlreiche Variationen (Anregungen erhalten Sie hierzu in Lena Morgenthaus Buch[9]).

 Der Wochenplan kann Strukturelement der Freiarbeit sein.

Wir möchten Ihnen im Folgenden einen Einblick geben, wie in unserer jahrgangsgemischten Klasse ein Tag mit Wochenplan und Freiarbeit aussieht. Diese Struktur hat sich aufgrund der Erfahrungen und der Zusammenarbeit aller Kollegen unserer Schule nach und nach als die von uns am besten geeignete herauskristallisiert. Damit sollen Möglichkeiten, Vorteile und Grenzen deutlich werden, die Ihre Entscheidung für eine offene Lernsituation unterstützen sollen.

Wo sollen wir nur anfangen?

Freiarbeit und Jahrgangsmischung

Wenn Sie in Ihrer Klasse eine Jahrgangsmischung anstreben, sollte Ihnen bewusst sein, dass eine Anpassung Ihres Unterrichts entscheidend ist. Haben Sie bisher eher frontal unterrichtet, empfehlen wir, sich ein Grundwissen zu den Themen „Offener Unterricht", „Freiarbeit", „Wochenplan", „Lernen an Stationen", „Werkstattunterricht" anzulesen. Die Werke [7, 8, 9, 10] liefern Ihnen grundlegende und weiterführende Kenntnisse dazu. Der Verlag an der Ruhr bietet zudem weiteres Material zu den Themen an.

 Jahrgangsmischung braucht offene Unterrichtsformen.

Warum gehören Jahrgangsmischung und Freiarbeit nun zusammen?
Wenn Kinder verschiedenen Alters zusammen lernen, ist ihr Lernniveau automatisch und eben auch offensichtlich unterschiedlich. Mit einem Frontalunterricht können Sie diesen Anforderungen nicht gerecht werden. Wenn sie in einer jahrgangsgemischten Klasse frontal unterrichten und versuchen, dem durch inhaltliche Differenzierung gerecht zu werden, werden Sie wahrscheinlich bald auf dem Zahnfleisch gehen, weil Sie so nur mit höchstem zeitlichen und energetischem Aufwand allen Kindern gerecht werden können. Freiarbeit hingegen, egal ob ganz „frei" oder von einem Wochenplan begleitet, bietet jedem Kind die Möglichkeit, so zu arbeiten, wie es seinem Selbst und seinem Lernstand entspricht. In jahrgangsgemischten Klassen haben die Kinder in jedem Fall einen unterschiedlichen Lernstand.

Außerdem: Warum nicht die soziale Struktur einer jahrgangsgemischten Klasse nutzen, denn Sie können sicher sein, dass ältere Kinder jüngeren Kindern helfen. Wir haben festgestellt, dass das bei einigen Kindern fast wie ein innerer Wunsch, eine innere Verpflichtung ist. Den Raum dazu schaffen Sie mit der Öffnung von Unterricht.

Freiarbeit – So sieht sie bei uns aus

Warum machen wir Freiarbeit?

Als sich die Eltern, die unsere Schule gegründet haben, für das Konzept der Freiarbeit entschieden, lag unter anderem der Gedanke zugrunde, die Schüler zu selbstbestimmtem Handeln, zur Eigenverantwortung und zur Selbstorganisation zu erziehen. In einem Frontalunterricht ist das kaum möglich.

Praktische Tipps

Unsere Schule arbeitet in der Freiarbeit mit Wochenplänen. Das Kollegium hat sich für eine Kombination aus einem Freiraum für eigenständige Auswahl und der Vorgabe verbindlicher Aufgaben entschieden, ohne diese beiden Phasen voneinander zu trennen.

Dieses Konzept ist in unseren Augen sehr gut geeignet, da es das Erreichen der im Rahmenlehrplan festgelegten Lerninhalte sichert und trotzdem dem Kind genug Freiheit lässt, um motiviert, weil interessiert, zu lernen.

Freiarbeit in Vollendung, die anstrebt, dass das Kind komplett selbstbestimmt arbeitet und dass es selbst die Themen, an denen es arbeiten möchte, aussucht, setzt voraus, dass das Kind mit dieser Freiheit umgehen kann und sich damit wohl fühlt.

 Dosieren Sie Freiarbeit richtig!

Wir haben die Erfahrung gemacht, dass nicht alle Kinder dazu fähig sind oder diese Freiheit möchten. Denn es ist sehr schwierig und für manche Kinder eine Überforderung, aus der Fülle der Angebote und Möglichkeiten etwas auszusuchen. Viele Kinder wissen auch nicht genau, wo ihre Interessen liegen. Ein Wochenplan, angepasst an jedes Kind, einmal mit mehr Wahlmöglichkeiten, einmal enger gesteckt, hilft dabei.

2 Wo sollen wir nur anfangen?

Ein Schüler kam eines Morgens zu uns, weil er recht unglücklich darüber war, dass so viele bestimmte Sachen auf seinem Wochenplan standen und er gar keine Möglichkeit hatte, sich etwas auszusuchen. Wir haben gemeinsam besprochen, was auf dem Wochenplan als Vorgabe stehen bleiben soll und ansonsten als Anregung lediglich „Wähle aus:" eingetragen. In diese Zeile schreibt er nun, was er sich in den einzelnen Kategorien ausgewählt hat (➥ In unserer Klasse: Freiarbeit und Wochenplan, S. 41). Er arbeitet wirklich fleißig und motiviert.

Ein anderes Kind konnten wir dafür ganz anders beim Lernen unterstützen: Nach einigen Versuchen stellten wir fest, dass weder der Wochenplan mit genauen Vorgaben noch der Wochenplan mit Wahlmöglichkeit den Jungen zum Arbeiten motivieren konnte. Die Woche war für ihn nicht zu überblicken und somit konnte er seine Aufgaben nicht einteilen. Am Ende der Woche blieben stets sehr viele Aufgaben übrig, die er zwar immer zu Hause nachholte, doch er war mit dieser Situation selbst überhaupt nicht zufrieden. Die freie Wahl motivierte ihn jedoch auch nicht, denn er konnte selten Aufgaben finden, die ihm Freude bereitet hätten. Die Lösung für uns alle lag in einem Tagesplan (➥ In unserer Klasse: Freiarbeit und Wochenplan, S. 53). Darauf sind die Aufgaben notiert, die das Kind an diesem Tag erledigen soll. Um die Entwicklung der Selbstorganisation weiter zu unterstützen, steht jedoch auch auf dem Tagesplan je eine Wahlaufgabe. Mit dem Tagesplan konnten wir die Arbeitsmotivation des Kindes deutlich erhöhen, Frust abbauen und bessere Lernergebnisse erzielen. Der Junge hat den Überblick über einen Tag und kann so seine Arbeit viel besser einteilen.

Stimmen Sie das Maß der Freiheit auf das einzelne Kind ab! Wochenplan und Tagesplan helfen Ihnen dabei!

Die für uns wichtigsten Kompetenzen – selbstbestimmtes Handeln, Eigenverantwortung, Selbstorganisation – vermitteln wir jedoch auch mit einer eingeschränkten Wahlmöglichkeit in der Wochenplanarbeit. Denn: Fragen wie „Wann mache ich das?", „Wie lange brauche ich dazu?", „Welche Dinge benötige ich dafür?", „Wer kann mir helfen?" – stellen sich bei uns bereits Erstklässler mit einem gewissen Selbstverständnis.

Natürlich gibt es Tage, da scheint „der Wurm drin zu sein". Wir haben das Gefühl, dass unsere Kinder nicht fleißig arbeiten, weil irgendwie nichts geschafft wird. Wir haben dann das Gefühl, es geht mit dem Lernen nicht voran.

In solchen Momenten besinnen wir uns jedoch und nehmen uns z. B. die Zeit, in der nächsten Stunde einmal nur als Beobachter der Wochenplanstunde beizuwohnen. Schnell stellt sich für uns der Sinn und Zweck unserer Arbeit heraus: Was die Kinder an Selbstorganisation leisten, beeindruckt uns sehr. Kein Kind quatscht wirklich nur oder „schaut Löcher in die Luft". Sie arbeiten – fast alle – sie sortieren, sie lesen, sie helfen sich, sie strukturieren und überlegen. Ja, an machen Tagen sind die nachweisbaren – also schriftlichen – Arbeitsergebnisse nicht erschöpfend und doch sind wir sicher, dass die Kinder für ihr Leben etwas gelernt haben.

Freiarbeit fördert und fordert das Kind auf vielfältige Weise.

Regeln in der Freiarbeit

Manch ein Lehrer traut sich vielleicht nicht, seinen Unterricht für Freiarbeit zu öffnen, weil er Sorge hat, dass die Kinder wild durcheinander rennen und er diesem Chaos nicht Herr werden könnte.

Gute Freiarbeit beinhaltet jedoch ein Höchstmaß an Organisation, Absprachen und Struktur. <u>Kinder müssen die Regeln für diese Arbeitszeit kennen und einhalten.</u>

Im jahrgangsgemischten Unterricht erleben wir immer wieder, dass sich die großen Kinder sehr gut an die Absprachen halten und sich für deren Einhalten stark engagieren, was Sie als Lehrer sehr entlastet (➡ Wieso, weshalb, warum? – Vorteile des jahrgangsübergreifenden Lernens, S. 15).

Folgende Absprachen haben wir gemeinsam mit den Kindern vom ersten Jahr an getroffen. Seit drei Jahren begleiten uns diese Regeln, ohne dass wir sie den in jedem Schuljahr nachrückenden Kindern offiziell erläutert haben, denn sie werden von Kind zu Kind weiter vermittelt.

Flüstern

In einem Unterricht, in dem das Kind selbstbestimmt lernt, werden verschiedene Aufgaben zur gleichen Zeit bearbeitet. Diese werfen wiederum unterschiedliche Fragen und individuelle Probleme auf. Deshalb ist es unserer Meinung nach besonders

Wo sollen wir nur anfangen?

wichtig, dass alle Kinder, und auch Sie als Lehrer, flüstern. Der Lärmpegel steigt sonst innerhalb kürzester Zeit auf ein Maß an, bei dem kein konzentriertes Arbeiten mehr möglich ist.
Es kann sein, dass auch Ihnen das Flüstern am Anfang etwas Schwierigkeiten bereiten wird.

Wir kennen es selbst: Manchmal haben wir nur eine kurze Nachfrage an einen Schüler; leider steht dieser aber am entgegengesetzten Ende der Klasse – es geht so schön schnell „kurz mal" durch die Klasse zu rufen!
In diesen Momenten merken wir, dass es gar nicht so einfach ist, wirklich nur miteinander zu flüstern. Doch an dieser Stelle ist unsere Vorbildfunktion sehr wichtig.

Wenn Sie Lust haben, machen Sie sich auch hierbei die Hilfe Ihrer Kinder zu Nutze. Wir lassen uns gerne von den Kindern an solche Regeln erinnern. Wenn uns doch mal ein lautes Rufen oder Ermahnen „rausrutscht", kommt ein Schüler zu uns und sagt „Frau Lange, wir wollen doch flüstern!" Wir empfinden das als eine große Unterstützung und es zeigt den Kindern, dass auch Lehrer bzw. Erwachsene nicht immer gleich alles richtig machen und in einem Lernprozess stecken.

Haben Sie deshalb auch etwas Verständnis, wenn diese Umstellung auch bei Ihren Schülern eine gewisse Zeit in Anspruch nimmt.
Um die Kinder für das Flüstern zu sensibilisieren und ihnen auch einen Anreiz dazu zu geben, haben wir bei uns an der Schule gemeinsam den „Flüsterkönig" eingeführt.
Zwei Kinder der Klasse haben das „Flüsterkönig"-Amt (➡ Alle helfen mit: Kinder, S. 97). Sie beobachten, welcher ihrer Mitschüler in der ganzen Wochenplanstunde wirklich flüstert und ruhig arbeitet. Die ruhigsten Kinder bekommen auf der „Flüsterkönig-Liste" eine kleine Krone eingetragen, ihre Namen werden an die Tafel geschrieben und im Morgenkreis wird offiziell verlesen, wer an diesem Tage Flüsterkönig geworden ist. Die Kinder sind sehr stolz, wenn sie als Flüsterkönig genannt werden.
Das Kind, das als erstes 20 Kronen gesammelt hat, darf sich etwas aus der „Geburtstagskiste" (➡ In unserer Klasse: Der Morgenkreis, S. 59) aussuchen.

Praktische Tipps

Die Kinder haben daran wirklich Freude und es ist dadurch meist ein ruhiges Arbeiten möglich.

„Ich habe eine Frage"
Durch das individuelle Arbeiten in der Freiarbeit haben die Kinder, wie bereits erwähnt, sehr viele Fragen, da sie zur selben Zeit an verschiedenen Themen arbeiten. Deshalb haben wir dazu verschiedene Regeln und Rituale erarbeitet:
Es ist wichtig, dass die Kinder ihre Aufgaben stets als erstes in Ruhe selbst lesen. Besonders die Erstklässler können im ersten Halbjahr noch nicht alles lesen, was auf ihrem Wochenplan steht. Es ist wichtig, die Kinder trotzdem immer wieder daran zu erinnern, sich Zeit zu nehmen und zu versuchen, die gestellte Aufgabe zu „entschlüsseln".
Besonders für die Kinder des ersten Jahrgangs sind Sie, der Lehrer, gerne der erste Ansprechpartner, allein deshalb, weil Sie eben „der Lehrer" sind. Erinnern Sie die Kinder von Anfang an immer wieder daran, stets als erstes einen Mitschüler um Hilfe zu bitten. Geben Sie nicht auf! Denken Sie daran, dass Gesagtes 40 Mal wiederholt werden muss, bis es bei den Kindern fest verankert ist!
In einer jahrgangsgemischten Klasse können sich die Kinder sehr gut untereinander helfen.

2 Wo sollen wir nur anfangen?

Haben die Kinder aber Anliegen, bei denen wirklich nur Sie helfen können (wie z. B. das Abfragen der 1x1-Reihen oder das Durchsehen einer fertig gestellten Aufgabe), ist es sinnvoll, mit einem Meldesystem zu arbeiten.

Meldesystem

Jedes Kind hat ein Namensschild mit einem kleinen Magneten darunter. Wenn es eine Frage hat, heftet es sein Schild an die Tafel. Dafür hat bei uns der Tafeldienst morgens in der rechten Ecke der Tafel ein kleines Feld angemalt und mit Fragezeichen gekennzeichnet. So wird deutlich sichtbar: Wer hier sein Namensschild anheftet, hat eine Frage. Die Kinder sind untereinander sehr fair, was die Reihenfolge angeht. Die Liste wird von oben nach unten sorgfältig ergänzt.

Für Sie bedeutet das, dass Sie mit einem Blick zur Tafel erkennen, wer Hilfe braucht. Sie können die Liste in Ruhe von oben nach unten „abarbeiten".

 *Manchmal ist es für uns gar nicht so einfach, dass wir uns konsequent an das „Abarbeiten" der Liste halten. Schnell kommt „nur mal zwischendurch" eine Frage, das Kind möchte „ja nur" einen Buchstaben vorgeschrieben haben. Dann ist es ein Kind, dann zwei und an die Tafel haben wir das letzte Mal vor zwanzig Minuten geschaut.*

Nicht nur, dass es sehr unfair für die Kinder ist, die sich an die Regel gehalten und ihr Schild angehängt haben. Es sorgt auch bei uns selbst für eine enorme Unruhe und manchmal sogar für Stress. Wir legen deshalb sehr großen Wert darauf, immer wieder auf die Tafel zu verweisen und wenn es nur der Finger ist, der auf die Tafel zeigt, und so das dazwischen fragende Kind erinnert.

Auch hierbei nutzen wir die Hilfe unserer Kinder. Gerne erinnern sie uns, wenn wir uns ablenken lassen, dass wir doch an die Tafel schauen sollen.

Sie brauchen keine Bedenken zu haben, dass es ein Unruhefaktor ist, wenn die Kinder durch die Klasse zur Tafel laufen. Wir merken es gar nicht und hinzukommt, dass davon auszugehen ist, dass sie durch die Möglichkeit zur Bewegung eher Spannungen und Stress abbauen können.
Wichtig ist es hierbei, den Kindern zu vermitteln, dass sie die Wartezeit sinnvoll nutzen sollen.
Viele unserer Kinder bearbeiten in der Wartezeit andere Aufgaben vom Wochenplan oder lesen ein Buch.
Wir haben es aber auch schon manches Mal erlebt, dass wir nach einer halben Stunde zu einem Schüler kamen und er da saß und bis zu diesem Zeitpunkt nichts gearbeitet hat. Auf die Frage, warum er denn in dieser Zeit nicht etwas anderes gemacht hätte, antwortete er: „Na, ich habe doch gewartet".
Derartig „hartnäckige" Fälle gibt es jedoch selten. Um dieses Verhalten abzubauen, erinnern wir die Kinder stets aufs Neue, die Wochenplanzeit wirklich für sich zu nutzen und auch in „Wartezeiten" zu arbeiten. Recht schnell lernt ein Kind auch, seine Zeit am Vormittag zu nutzen, wenn es die „verbummelte" Zeit am Nachmittag zu Hause oder in der Arbeitszeit (➥ In unserer Klasse: Arbeitszeit am Nachmittag, S. 70) nacharbeiten muss.

Die Arbeit mit dem Wochenplan

Die Wochenplanstunden liegen möglichst am Anfang des Tages, was für uns besonders wertvoll ist. Einerseits sind die Kinder noch ausgeruht und können konzentriert an diese anspruchsvolle Arbeit herangehen. Andererseits können wir den Kindern so einen offenen Unterrichtsbeginn ermöglichen. Die Freiarbeit beginnt also stets „frei": Einige Kinder wählen selbst eine Aufgabe aus, andere beginnen direkt mit ihrem Wochenplan.

Wie kann ein Wochenplan aussehen?

Für uns hat sich der Wochenplan – wie im Folgenden dargestellt – als praktisch erwiesen. Diese Darstellung soll jedoch nur dem Verständnis dienen und aufzeigen, welche Teilaspekte im jahrgangsübergreifenden Unterricht grundlegend und von Vorteil sind. Es geht nicht darum, den Wochenplan in seiner Vielfalt und in seinen Möglichkeiten darzustellen. Viele und gute Alternativen finden Sie dazu in dem Buch von Lena Morgenthau[9].

2 Wo sollen wir nur anfangen?

Das Erscheinungsbild

Wochenplan

für _____

Woche vom _____ bis _____

Fach	Aufgaben	begonnen	fertig	Unterschrift des Lehrers	Bemerkung
schreiben					
lesen					
rechnen					
Besonderes					

So habe ich heute gearbeitet:

Montag	Dienstag	Mittwoch	Donnerstag	Freitag
☺ 😐 ☹	☺ 😐 ☹	☺ 😐 ☹	☺ 😐 ☹	☺ 😐 ☹

So funktioniert jahrgangsübergreifendes Lernen

Was steht auf dem Wochenplan?

In jedem Fall muss der Wochenplan den Namen des Schülers sowie den Bearbeitungszeitraum enthalten, damit Sie die Pläne immer wieder zuordnen können. Das Datum ist besonders wichtig, weil wir die Wochenpläne abheften. Sie dienen dazu, das Arbeits- und Lernverhalten der Kinder auch über einen längeren Zeitraum nachvollziehen zu können und sind oft auch Bezugsgrundlage in Elterngesprächen.

Ein Wochenplan enthält immer den Namen des Kindes und den Bearbeitungszeitraum.

Für einen besseren Überblick hat es sich bewährt, den Plan in jeweils einen Bereich für das Schreiben, das Lesen, das Rechnen und „Besonderes" zu unterteilen.
Zum Bereich Schreiben gehören beispielsweise Übungen zur Grammatik, das Verfassen von Geschichten, das Arbeiten im Schreiblehrgang etc.
Zum Bereich Lesen gehören Aufgaben, die in irgendeiner Form mit Lesen zu tun haben: einer Lesemutter vorlesen (➡ Alle helfen mit: Eltern, S. 108), stilles Lesen, Spiele oder Hefte zum sinnentnehmenden Lesen (➡ Nichts geht ohne – Material: Woher nehmen, wenn nicht stehlen?, S. 134/135) usw.
Zum Bereich Rechnen gehören natürlich alle Aufgaben aus den Bereichen Arithmetik, Geometrie und Größen.
Unter „Besonderes" finden sich zum einen Themen des Sachunterrichts, zum anderen alles, was eben nicht zu den aufgezählten Bereichen gehört: Musik, Kunst und Englisch oder die Sachen, die sich das Kind selbst ausgesucht hat, z.B. das Ausprobieren eines neuen Materials (➡ In unserer Klasse: Der Morgenkreis, S. 58).
Außerdem steht unter „Besonders" die wöchentliche Federmäppchen-Kontrolle, bei der die Mäppchen auf Vollständigkeit und Ordnung durchgesehen werden und ggf. die Aufforderung an das Kind, seine Ablagen und Fächer aufzuräumen.

Unsere Kinder lieben die Federmäppchen-Kontrolle, denn sie zeigen stolz und gerne ihre aufgeräumten Federtaschen. Sie nutzen auch das Herrichten der Stifte als willkommene Abwechslung im Wochenplanunterricht und wir wissen, dass das Anspitzen der Blei- und Buntstifte selbst noch für den dritten Jahrgang eine wichtige motorische Übung darstellt.

Strukturieren Sie den Wochenplan so, dass das Kind leicht erkennen kann, um welche Art von Aufgabe es sich handelt.

Wo sollen wir nur anfangen?

Unten auf dem Wochenplan geben wir dem Kind eine Möglichkeit zur Selbsteinschätzung. Es soll seine Arbeit an diesem Tag selbst beurteilen und das entsprechende Symbol ankreuzen.

 Geben Sie dem Kind eine Möglichkeit zur Selbsteinschätzung!

Ein lachendes Gesicht bedeutet: „Ich bin mit meiner Arbeit heute zufrieden, habe heute viel geschafft." Ein Gesicht mit geradem Mund bedeutet: „Es war in Ordnung, wie ich gearbeitet habe, aber ich hätte eigentlich etwas mehr schaffen können." Manche Kinder kreuzen das auch an, wenn sie eine langwierige Aufgabe gemacht haben und nur diese geschafft haben. Ein traurig aussehendes Gesicht kreuzt das Kind an, wenn es meint, dass es wirklich schlecht gearbeitet hat, sich z.B. hat ablenken lassen oder vielleicht einfach einmal nicht so „fit" war. Und das ist genau der Punkt, warum wir diesen Abschnitt für sehr wichtig halten. Zum einen lernt das Kind dadurch sein Arbeitsverhalten zu reflektieren und einzuschätzen und gleichzeitig ist es für uns eine Rückmeldung. Die Selbsteinschätzung ist Grundlage für ein Gespräch. Wenn das Kind ankreuzt, dass es mit sich selbst unzufrieden war, lässt sich abfragen, was der Auslöser oder die Ursache gewesen sein könnte. Gemeinsam können Sie dann mit Ihrem Schüler nach Lösungsmöglichkeiten suchen, wie z.B. einen Platzwechsel, einen ruhigeren Arbeitsort, neue Rituale, um für Ruhe zu sorgen etc.

 Die Selbsteinschätzung des Kindes fördert seine Reflexionsfähigkeit und kann für Sie eine Gesprächsgrundlage sein, um es bestmöglich zu unterstützen.

Eine Möglichkeit, den aktuellen Arbeitsstand des Schülers zu erkennen, sollte nicht fehlen. Deswegen finden sich in jeder Zeile zwei Kästchen für den Schüler. Der Schüler kreuzt das erste Kästchen an, wenn er mit der Arbeit beginnt. So ist jederzeit für Sie und ihn erkennbar, welche Aufgabe angefangen wurde. Das zweite Kästchen kreuzt der Schüler an, wenn er die Aufgabe beendet hat. Seien Sie hierbei streng und kontrollieren Sie genau. Manchmal kreuzen die Schüler auch eine Aufgabe als „erledigt" an, ohne dass sie tatsächlich fertig ist.

Damit Sie selbst wissen, welche Arbeiten Sie schon durchgesehen haben und welche der Schüler vollständig korrigiert und beendet hat, gibt es noch ein 3. Kästchen für Ihre Unterschrift und ein viertes für Ihre Anmerkungen. Sie sollten jedoch erst unterschreiben, wenn Sie alles durchgesehen haben und alles richtig ist. So erkennt auch der Schüler: „Wenn es unterschrieben ist, habe ich alles richtig erledigt." Erledigte Aufgaben kommen in die Lehrerablage zur Durchsicht.

Praktische Tipps

Der aktuelle Arbeitsstand sollte auf einen Blick für Sie und das Kind erkennbar sein.

Viele Kinder arbeiten sehr korrekt mit dem Wochenplan. Sie tragen alles ein, was sie gemacht haben, und kreuzen übersichtlich an, welche Arbeit begonnen oder abgeschlossen wurde. Aber einige unserer Schüler vergessen das und dann kann es schon einmal sein, dass am Ende der Woche ein leerer Wochenplan in der Lehrerablage liegt. Wir erinnern diese Kinder immer wieder jede Stunde an das Eintragen.

Schreiben Sie auf den Wochenplan einen fett gedruckten Erinnerungssatz, wie z. B. „Trage immer alles sofort ein!" Kleben Sie vielleicht bei ganz vergesslichen Kindern einen Aufkleber dazu, damit der Merksatz gerne gelesen wird.

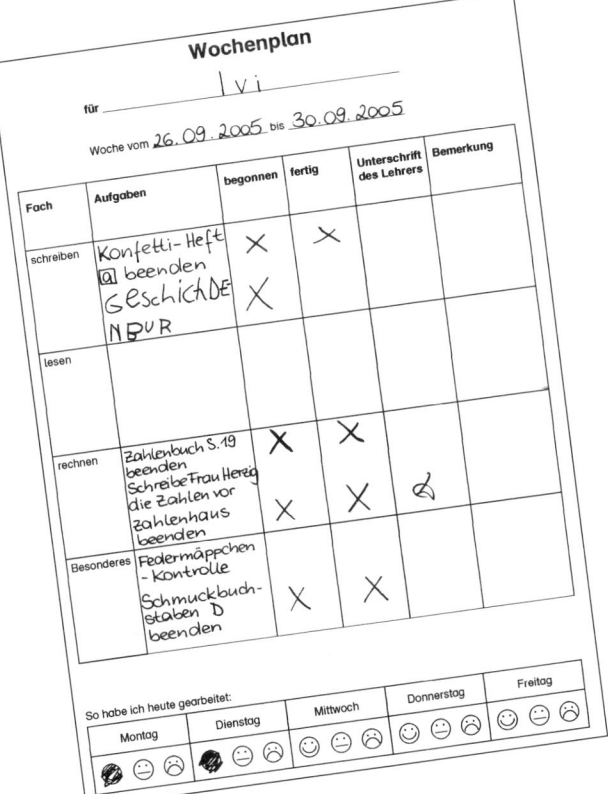

In unserer Klasse

Wo sollen wir nur anfangen?

Der Inhalt – Was steht denn eigentlich nun drauf?
Wie schon angedeutet, besteht unserer Meinung nach die Kunst darin, den Wochenplan auf den Schüler passend zuzuschneiden.

Grob gesagt finden sich bei uns auf dem Wochenplan:

Pflichtaufgaben:
→ Fortführung des Fachunterrichts
→ Daueraufgaben
→ Tägliche 5-Minuten-Übungen
→ Unerledigtes vom vergangenen Wochenplan

Wahlaufgaben:
→ kurzfristig ausgewählte Aufgaben
→ in der Vorwoche übernommene Aufgaben
→ das persönliche Projekt

Aber:
Woher kommen denn die Aufgaben?
Ein Teil der Pflichtaufgaben ergibt sich aus der Fortführung des Fachunterrichts (↳ In unserer Klasse: Der Fachunterricht, S. 61), und zwar in erster Linie aus den Bereichen Deutsch und Mathematik, aber auch aus dem Sachunterricht.

Pflichtaufgaben aus dem Fachunterricht können sein:
• das Beenden der angefangenen Aufgaben
• das vertiefende Üben

Vertiefende Übungen zu den Themen des Fachunterrichts werden in der Regel anhand unseres Materialangebotes in den Klassenregalen zusammengestellt. Aus dem Fachunterricht gehen jedoch auch häufig Arbeitsblätter hervor, die die Kinder während der Wochenplanstunden beenden sollen.
Dabei sollten Sie aber sensibel auf Folgendes achten: Arbeitsblätter, Geschichten, Bilder, Experimente sollten natürlich beendet werden. Was würden wir dem Kind vermitteln, wenn es angefangene Aufgaben nicht fertig stellt. Jedoch haben wir bezüglich der Arbeitsblätter Folgendes festgestellt:
Manche Kinder lieben Arbeitsblätter. Sie wissen, was sie tun sollen, alles was nötig ist, steht auf dem Blatt: ein vorgegebener Rahmen, in dem sie sich gerne bewegen. Diese Schüler können Sie ein Arbeitsblatt komplett beenden lassen.

Andere Kinder treiben Sie mit dieser Aufgabe jedoch in die völlige Arbeitsunlust. Sie langweilen sich, sind überfordert oder schaffen es kaum, die Blätter innerhalb der Woche zu beenden und gleichzeitig alle anderen Pflichtaufgaben zu erledigen. Wir haben uns für diese Kinder Folgendes überlegt: Es werden nur bestimmte Nummern auf dem Arbeitsblatt ausgewählt, die beendet werden müssen.

Eine Schülerin saß oft verzweifelt über den angesammelten Arbeitsblättern. Oft verschwanden sie einfach in den Tiefen ihres Hängeregisters und wahrscheinlich hoffte sie, es würde die Arbeitsblätter dort niemand finden. Aber natürlich fanden wir sie und so waren die Hausaufgaben lang und mühevoll. Für sie war es genau richtig, einfach nur die angefangenen Aufgaben beenden zu müssen und das im Fachunterricht behandelte Rechenphänomen dann anhand unseres Materials zu üben.

Vertrauen Sie dem Kind ruhig und besprechen Sie sich mit dem Kind, wenn das Lernen nicht so klappt. Wir haben die Erfahrung gemacht, dass es eigentlich keine wirklich faulen Kinder gibt. Oft wissen die Kinder selbst ganz gut, was sie mehr und was sie weniger zum Lernen motiviert.

Für das vertiefende Üben wird zusätzlich bei allen Kindern das im Fachunterricht besprochene Thema (in Mathematik z.B. die Multiplikation, in Deutsch ein Rechtschreibphänomen etc.) auf dem Wochenplan eingetragen. Dazu wird geschrieben: „Übe dazu mit unserem Material. Trage ein, mit welchem Material du geübt hast."

Bieten Sie das Üben der Pflichtinhalte individuell abgestimmt auf den Lernstand und das Tempo des Kindes an!

Zum Beispiel haben wir zu den verschiedensten Rechtschreibphänomenen sehr gutes Übungsmaterial, das den Kindern einen spielerischen Zugang zu den einzelnen Themen ermöglicht (➡ Nichts geht ohne – Material: Unser Potpourri, S. 135). Das Kind erlernt so die wichtigen Grundkenntnisse, aber auf eine für es lustvolle und effektive Weise.
Die Kinder des ersten Jahrgangs haben wenig Pflichtaufgaben und viele Wahlaufgaben. Zu den Pflichtaufgaben gehören das Schreiben im Schreiblernheft, um den

Wo sollen wir nur anfangen?

Schriftspracherwerb zu sichern, und die Arbeit im Rechenheft. Im Lauf des 2. Halbjahres kommt einmal wöchentlich die Arbeit mit der Wörterbox (➡ Nichts geht ohne – Material: Woher nehmen, wenn nicht stehlen?, S. 163) hinzu.

Daueraufgaben sind Aufgaben, die jede Woche auf dem Wochenplan stehen. Dazu gehören bei uns z.B. die Arbeit am 1x1-Führerschein, das Bearbeiten des Zauberer-Leseheftes oder des Schreibschriftlehrgangs.

Um die Entwicklung der individuellen Interessen und Fähigkeiten der Kinder noch besser unterstützen zu können, bieten wir ihnen während der Wochenplanstunden Zeit, an einem persönlichen Vorhaben zu arbeiten. Das Kind wählt sich zu Beginn des Halbjahres ein eigenes Projekt. Das wird auf dem Wochenplan eingetragen, ebenfalls das Datum, wann das Projekt beendet sein soll. Das Kind kann dann jede Woche selbst entscheiden, ob und wann es an seinem Projekt weiterarbeiten möchte.

Unserer Meinung nach schulen Daueraufgaben Kinder in Kontinuität und Ausdauer, was wir als eine hohe Kompetenz für das spätere eigene Lernen ansehen.

 Daueraufgaben sind jede Woche zu bearbeiten. Sie fördern die Bereitschaft, an einer Sache kontinuierlich weiterzuarbeiten.

Eine weitere Kategorie der Pflichtaufgaben sind die täglichen 5-Minuten-Übungen. Dazu gehört auch die Wörterbox, denn das Kind muss an jedem Tag der Woche fünf unserer thematischen Lernwörter im Rahmen verschiedener Aufgabestellungen üben. Außerdem halten wir es für sinnvoll, dass die Kinder täglich eine Kopfrechenübung machen. Bei den Kindern des 2. Jahrgangs liegt z.B. lange Zeit der Schwerpunkt auf dem Üben des 1x1, da viele Kinder damit Schwierigkeiten haben. Wir schreiben jedoch nur auf: „Übe eine 1x1 Reihe". Das Kind kann je nach Neigung zwischen den verschiedenen Materialien dazu wählen.

Ein Kind arbeitet gerne mit dem Fadenbrett, ein anderes mit der 1x1-Tafel, bei der man die Ergebnisse frei rubbeln kann, und wieder ein anderes Kind mag die 1x1-Dominos, bei dem die Aufgaben der 1x1-Reihe durcheinander abgefragt werden. Der 3. Jahrgang hat als tägliche Übung das „5-Minuten-Rechnen" auf dem Wochenplan. Das sind kleine, laminierte Aufgabenkarten zu den verschiedenen Rechenoperationen. Das Bearbeiten einer dieser Karten dauert meist nicht länger als 5 Minuten.

Wir haben eine Schülerin, die sich trotz intensiven Lernens mit dem kleinen 1x1 sehr schwer tut. Die Eltern haben uns erzählt, dass sie die ganzen Sommerferien hindurch mit ihr das 1x1 geübt haben, mit Laufen, Hüpfen und allem möglichen Anschauungsmaterial. Es änderte nichts, das Multiplizieren bleib ihr irgendwie verschlossen.
Wir entscheiden uns zu folgendem Schritt: Das Mädchen darf alle 1x1-Aufgaben mit Hilfe der Zaubertafel lösen (➡ Nichts geht ohne – Material: Woher nehmen, wenn nicht stehlen?, S. 166). Wir und Sie wissen, dass es bereits ein Training ist, zu wissen, wo ich die richtigen Aufgaben und so die richtigen Lösungen finde.
Das Mädchen, das nie gerne gerechnet hat, nimmt sich nun schon vor dem Unterricht 1x1-Klammerkarten und rechnet davon fast jeden Tag 5 Stück.

 Tägliche Übungen trainieren bestimmte Fähigkeiten.

Unter „Besonderes" finden sich manchmal auch „Reste", d.h. Unerledigtes vom vorherigen Wochenplan. Die Wochenpläne sind so angelegt, dass das Kind seinen Wochenplan in der Woche schaffen kann und noch Zeit für Wahlaufgaben bleibt. Manchmal schafft ein Kind seinen Wochenplan dennoch nicht, weil es getrödelt hat, oder, statt die Pflichtaufgaben zu bearbeiten, sich zu viel selbst ausgesucht hat. Dann geben wir die unbearbeiteten Aufgaben für die „Arbeitszeit" (➡ In unserer Klasse: Arbeitszeit am Nachmittag, S. 70) oder als Hausaufgabe auf. Erledigt das Kind seine Aufgaben auch hier nicht, erscheinen diese zusätzlich auf dem nächsten Wochenplan.

Eine andere Situation ist zum Beispiel die, dass ein Kind alle Aufgaben beendet hat, sich jedoch Fehler eingeschlichen haben. Auch die Aufforderung zur Fehlerkorrektur gehört zu den „Resten", die auf dem neuen Wochenplan erscheinen.

Wo sollen wir nur anfangen?

 Wir wollen nicht leugnen, dass es auch schon vorkam, dass sich manches Mal „Reste" von drei Wochen durch die Wochenpläne zogen. In solchen Fällen ist dann ein Elterngespräch ratsam.

Verbessern Sie auch Schreibfehler nicht. Das Kind lernt bei der Korrektur viel.

Wahlaufgaben sind Aufgaben, die sich die Kinder selbst aussuchen.
Das können kurzfristig ausgewählte Aufgaben sein, z.B., weil sie auf Hilfe warten und sich damit die Zeit überbrücken. Viele Kinder wählen sich dann eine Leseaufgabe. Kinder nutzen die Wahlaufgaben auch, weil sie einfach mal etwas tun wollen, was ihnen besonders liegt. Sie haben z.B. fleißig an einem Rechenphänomen gearbeitet und möchten nun gerne in ihrem angefangenen Buch weiterlesen oder in ihrem Geschichtenbuch schreiben oder malen. Oder die Kinder nutzen die Wahlaufgaben, weil sie ihren Wochenplan geschafft haben. Das macht sie dann besonders stolz, denn sie tragen sich diese Aufgaben zusätzlich auf dem Wochenplan ein.

Darüber hinaus gibt es im Wahlbereich bereits in der Vorwoche übernommene Aufgaben. Das kann z.B. das Testen eines Lernmaterials sein, das im Morgenkreis (➡ In unserer Klasse: Der Morgenkreis, S. 58) am Freitag vorgestellt wurde, oder auch eine andere Aufgabe, die sich ein Kind für die kommende Woche gewünscht hat.

 Wahlaufgaben bearbeiten die Kinder
- *in Wartezeiten,*
- *nach anstrengenden Tätigkeiten,*
- *wenn sie ihren Wochenplan geschafft haben,*
- *nach Absprachen aus der Vorwoche.*

Auch das persönliche Projekt gehört zu den Wahlaufgaben, da das Kind den Inhalt sowie den Zeitpunkt, wann es an seinem Projekt arbeitet, selbst wählt. Da Thema, Präsentationsform und Arbeitsumfang jedoch sehr individuell sind, möchten wir unsere Idee des persönlichen Projektes im Rahmen der Wahlaufgaben noch einmal genauer beleuchten.

Ein persönliches Projekt kann z.B. ein eigenes kleines Buch über das Hobby Angeln, eine lange Fortsetzungsgeschichte, ein selbstgeschriebenes und einstudiertes Theaterstück, ein eigenes Kopfrechenspiel, ein selbsterfundenes Tier-Quiz oder ein Plakat über unser Sonnensystem sein. Um so jungen Kindern überhaupt eine solche Arbeit ermöglichen zu können, bedarf es natürlich strukturierter Anleitung. Gemeinsam werden die Interessen und Hobbys der Kinder besprochen und daraus mögliche Themen entwickelt. Im nächsten Schritt werden Ideen gesammelt, welche Endprodukte und Präsentationsformen angestrebt werden können: Bücher, Plakate, Referate, Spiele usw. Nachdem die Kinder ihre Ideen einige Zeit durchdacht und vielleicht schon erste Entwürfe zu Papier gebracht haben, werden sie kontinuierlich von uns begleitet und beraten. Weitere Hilfen sind mögliche Partner- und Gruppenarbeit, aber auch die von uns Lehrer gezielt initiierte Unterstützung von jüngeren Kindern durch ältere. Besonders bezüglich der Material- und Informationsbeschaffung ist es sehr sinnvoll, die Eltern zu informieren und durch Weiterarbeit zu Hause in das Konzept einzubeziehen. Nach Abschluss eines Vorhabens wird das Endergebnis natürlich der gesamten Klasse vorgestellt und gemeinsam gewürdigt.

Insgesamt ist es zu empfehlen, dass Sie den Bereich der Wahlaufgaben unterstützen, da manch ein Schüler mit freier Aufgabenwahl überfordert ist.

Wenn Sie unter dem Aspekt „Schreiben" auf dem Wochenplan nur angeben „Wähle aus und trage ein, was du heute gearbeitet hast", wissen manche Kinder, und zwar auch manchmal die Kinder höherer Jahrgänge, nicht, was sie tun sollen. Ehrlich gesagt ist das bei der Fülle des Materials und der Angebote – sie werden sehen, es wird nach und nach immer mehr – eigentlich auch nicht verwunderlich.

Da wir diese Fähigkeit selbstbestimmt und selbstorganisiert zu lernen jedoch für so grundlegend halten, haben wir uns folgende Unterstützung überlegt:

Im Klassenraum hängt für jeden Jahrgang eine  Wähle aus!-Liste. Auf dieser Liste steht, was jeder Jahrgang im Bereich „Schreiben", „Lesen", „Rechnen" und „Besonderes" auswählen kann. Leistungsstarke Kinder sind besonders stolz, wenn sie sich an der Liste eines höheren Jahrgangs orientieren.

Damit konnten wir die Ratlosigkeit der Kinder bei der Aufgabenauswahl stark senken und trotzdem das Konzept der „freien Wahl" beibehalten.

Wo sollen wir nur anfangen?

 Bieten Sie Unterstützung beim Auswählen der Aufgaben, z.B. durch eine Angebotsübersicht.

Arbeiten die Kinder auch zu Hause?

Stellt ein Kind, wie bereits erwähnt, während der Woche fest, dass es seine Aufgaben nicht schafft, kann es am Nachmittag zur Arbeitszeit (➡ In unserer Klasse: Arbeitszeit am Nachmittag, S. 70) gehen. Merkt es aber erst am Ende der Woche, dass es nicht alles schafft, bekommt das Kind die noch offenen Aufgaben als Hausaufgabe. Eine Zeit lang haben wir an jedem Montag bei den einzelnen Schülern nach den Hausaufgaben gefragt. Viele Kinder haben sie jedoch vergessen oder keine Zeit gehabt, sie zu erledigen. So zogen sich bei manchen Schülern gewisse Aufgaben durch mehrere Wochen unserer Freiarbeit, was weder für uns noch für sie selbst befriedigend war. Außerdem bedeutete dies für uns einen hohen zusätzlichen Arbeitsaufwand, der aber keine Früchte trug.

Wir entschieden uns, die Verantwortung über das Erbringen und Kontrollieren der Hausaufgaben in die Hände der Eltern zu legen. Auf dem Wochenplan kennzeichnen wir nun die nicht fertiggestellten Aufgaben farbig und geben dem Kind den Plan mit nach Hause. Eine Kopie des Wochenplans behalten wir als Dokument für unsere Unterlagen. Das Kind soll die erledigten Aufgaben am Montag selbstständig abheften, ohne sie uns vorzulegen. Dieses Konzept ging auf. Selbstständig und unaufgefordert kommen die meisten Kinder nun montags mit den erledigten Hausaufgaben, sie sind von den Eltern kontrolliert und unterschrieben. Manche Eltern malen sogar ein Lachgesicht darunter. Einige Eltern kürzen ihren Kindern die Hausaufgaben, wenn sie der Meinung sind, dass das Kind überfordert ist. Sie tragen dann selbst diese Entscheidung.

Uns ist bewusst, dass dies ein Konzept ist, das nur mit interessierten und engagierten Eltern umzusetzen ist. Vielleicht sind in Ihrer Klasse wenige Eltern derart kooperativ. Finden Sie jedoch nur ein oder zwei Eltern, die zu einer Zusammenarbeit bereit sind, wird Sie das sicher schon stark entlasten.

Falls Sie die Sorge haben, so keinen Überblick über die Leistungen der Kinder zu haben, dann wollen wir Ihnen diese noch nehmen: Schreib- und Rechenhefte werden nach jeder Wochenplanstunde von den Kindern in die Lehrerablage gelegt, sodass Sie jederzeit einen Überblick über die selbst erledigten Hausaufgaben haben können. Und: Spätestens am Ende der Woche sollten Sie grundsätzlich die Ablage der Kinder durchsehen, um eventuell Hausaufgaben zu stellen oder um die unerledigten Aufgaben, die „Reste" (➡ Wie behalten wir den Überblick? Tages- und Wochenpläne, S. 85) aufzuspüren, die auf den neuen Wochenplan übertragen werden müssen.

Natürlich kann es sein, dass einige Kinder trotz aller guten Ideen ihre Hausaufgaben mehrere Male nicht erledigen; dann bestellen wir die Eltern zu einem Gespräch. Aus unserer Praxis lässt sich jedoch berichten, dass das bisher nur sehr selten nötig war.

Was ist ein Tagesplan?

Einige Kinder, egal aus welchem Jahrgang, können mit einem Wochenplan nur schwer arbeiten. Sie können eine Woche nicht überblicken, nicht soweit planen und sind dadurch entmutigt und überfordert.

Helfen Sie diesen Kindern, indem Sie ihnen einen Tagesplan anbieten.

Ein Tagesplan orientiert sich optisch am Aufbau des Wochenplans, ist also genauso in die einzelnen Lernbereiche unterteilt. Bei der Arbeit mit dem Tagesplan teilen Sie jedoch das Arbeitspensum einer Woche in „Tagesrationen". Hierbei sind die individuellen Fähigkeiten und Möglichkeiten des Kindes natürlich genauso zu berücksichtigen, wie beim Erstellen eines Wochenplans. Auch der Tagesplan enthält bei uns eine Wahlaufgabe, um auch bei dieser Arbeitsform die Selbstorganisation und Selbstbestimmung des Kindes zu fördern. Kinder, die mit einem Tagesplan arbeiten, freuen sich, wenn sie wissen: „Aha, das soll ich heute schaffen." In diesen stärker vorgegebenen Bahnen können sie sich sicher bewegen.

Von Zeit zu Zeit empfiehlt es sich, zu überprüfen, ob das betreffende Kind den Tagesplan weiterhin benötigt oder ob eine Öffnung in Richtung des Wochenplans und so zu mehr Selbstständigkeit und Selbstorganisation möglich ist. Denn das sollte stets Ihr Ziel bleiben.

Ein Tagesplan gibt den Kindern Struktur, die eine Woche noch nicht überblicken können.

Wochenplan und Werkstattunterricht

Im Wochenplanunterricht werden die Themen des Fachunterrichts wie oben erwähnt vertiefend geübt und bearbeitet. Fächerübergreifende Lernangebote sind deshalb grundlegend.

Wo sollen wir nur anfangen?

Der Verlag an der Ruhr bietet zu sehr vielen verschiedenen Themen „Werkstätten" an. Der große Vorteil dieser Werkstätten ist es, dass sie meist fächerübergreifend aufbereitet wurden. Dadurch sind sie für den Einsatz im Wochenplanunterricht unserer Meinung nach geradezu ideal.

Bewährt hat es sich, die einzelnen Werkstattangebote zu vervielfältigen und die Zugehörigkeit dieser zu den Lernbereichen kenntlich zu machen. So können die Kinder einfacher entscheiden, in welchen Bereichen sie gerne noch vertiefend arbeiten möchten.

Um auch hierbei eine gute Übersicht zu behalten, machen wir uns die Farben der Schnellhefter und Regalschilder zu Nutze, indem wir die Werkstattangebote mit mathematischen Inhalten in roten Ablagen, diese mit sprachlichen Schwerpunkten in blauen und solche zu sachunterrichtlichen Themen in grünen Ablagen den Kindern in der Klasse anbieten.

Wir nutzen zum Ausstellen der Angebote gerne die Fensterbank des Teilungsraumes. Dort können die Ablageschalen während der ganzen Unterrichtseinheit stehen bleiben.

Haben Sie diesen Platz nicht zur Verfügung, können Sie die Schalen z.B. einfach unter der Tafel auf der Erde abstellen. Wir haben die Erfahrung gemacht, dass die Kinder gerne auf der Erde krabbeln und sich gerne bücken. Diese andere Bewegung ist für sie im Schulalltag eine willkommene Abwechslung. Da Sie diesen Platz nach der Wochenplanstunde wahrscheinlich räumen müssen, machen Sie sich einfach den Vorteil der Ablageschalen zu Nutze: Sie lassen sich ganz einfach stapeln und in einer Ecke aufbewahren. Mit wenigen Handgriffen sind sie in der nächsten Wochenplanstunde – natürlich von den Kindern selbst – wieder aufgebaut.

Aufräumen und Ordnung halten

Leicht kommt man in die Versuchung zu denken, dass Freiarbeit gerade in jahrgangsgemischten Klassen chaotisch ist, weil ja jeder „macht, was er möchte". Freiarbeit ist genau das Gegenteil, denn sie funktioniert überhaupt erst, wenn es Regeln, Rituale und Absprachen gibt. Eine gute Organisation und Struktur sind von grundlegender Bedeutung. Das Aufräumen und das Ordnunghalten gehören dazu.

 Freiarbeit funktioniert nur mit klaren Regeln, Ritualen und Absprachen.

Aufräumen zum Ende der Wochenplanarbeit

Da unsere Kinder zum Arbeiten, wie bereits beschrieben, auch den Flur und den Teilungsraum benutzen, hat es sich bei uns bewährt, eine Musik-CD als Zeichen zum Aufräumen anzustellen, da die Musik von allen Kindern gleichzeitig wahrgenommen wird. Wir haben eine spezielle Aufräum-Musik, die sehr entspannend wirkt. Ein Kind hat das Amt, die Aufräum-Musik anzustellen (➡ Alle helfen mit: Kinder, S. 97). Den Zeitpunkt teilen wir dem Kind mit, da wir nicht immer exakt zur selben Zeit mit dem Aufräumen beginnen. Das richtet sich danach, wie viel wir im Morgenkreis besprechen wollen. Die Musik bietet den Kindern die Möglichkeit, ihre angefangene Aufgabe zu beenden und dann das benutzte Material in die Regale und alle eigenen Arbeitsmittel, wie Hefter, Federmäppchen etc. wegzuräumen. Wer fertig ist, sitzt – im besten Fall – leise an seinem Platz.

 Musik leitet ruhig in die Aufräumphase ein.

Ordnung halten: Ablage der Kinder

Jedes Kind hat nahe bei seinem Sitzplatz verschiedene Ablagesysteme (➡ In unserer Klasse: Die Klassenraumgestaltung, S. 75). Unfertige Aufgaben werden in der eigenen Ablage aufbewahrt und in den folgenden Wochenplanstunden weiter bearbeitet. Fertige Aufgaben, die wir dem Kind unterschrieben zurückgeben, werden ordentlich abgeheftet.

Ordnung halten: Die Lehrerablage

Einige Aufgaben, wie Arbeiten mit Materialien, kontrollieren wir sofort. Ist alles richtig, unterschreiben wir diese Arbeit auf dem Wochenplan. Aufgaben auf Arbeitsblättern, in Heften, im Geschichtenbuch etc. legt das Kind, meist wenn es fertig ist, manchmal auch zur Zwischenkontrolle, in die Lehrerablage, ein fester Ort im Raum, den jedes Kind kennt.

Am Ende eines Schultages kontrollieren wir alle Arbeiten in der Lehrerablage. Sind Aufgaben zu verbessern, kennzeichnen wir diese und sortieren die Hefte ohne Unterschrift wieder in die Ablage der Kinder. Ist alles richtig, unterschreiben wir auf der Arbeit und auf dem Wochenplan. Die Aufgabe kennzeichnen wir mit einem Lachgesicht. So sieht der Schüler auf einen Blick: Hier bin ich mit allem fertig und alles ist richtig.

Die Kinder mögen die Lachgesichter und wenn wir sie aus Versehen vergessen, fordern die Schüler ihr Lachgesicht ein.

 Die Lehrerablage „sammelt für Sie alles ein"!

Wo sollen wir nur anfangen?

Ordnung halten: Unsere Ämter

Um in unserem Arbeitsraum Ordnung zu halten, ist es natürlich auch wichtig, dass gefegt, die Tafel gewischt, die Stühle morgens von den Tischen genommen, die Blumen gegossen werden und vieles mehr. Dazu nutzen wir die Hilfe der Kinder. Fast jedes Kind hat ein Amt inne (➥ Alle helfen mit: Kinder, S. 96).

Das wöchentliche Aufräumen

Trotz unseres Ordnungssystems in den Regalen (➥ In unserer Klasse: Klassenraumgestaltung, S. 78), herrscht doch am Ende der Woche manchmal etwas Chaos. Nicht alle Kinder halten sich daran, die Sachen wirklich wieder dahin zurück zu bringen, wo sie sie her geholt haben, manchmal einfach nur, weil der Weg zu weit ist. Deswegen haben wir das wöchentliche Aufräumen eingeführt. In den letzen 10 Minuten der letzten gemeinsamen Stunde am Montag räumen wir auf. Jedem Regal ist eine Gruppe Kinder zugeordnet, die sich für „ihr" Regal verantwortlich fühlt. Alles, was einen anderen Aufkleber, also eine Kennzeichnung eines anderen Regals enthält, wird zurückgebracht. Die Kinder freuen sich direkt, wenn sie ein „verirrtes" Material entdecken. Danach ist alles wieder strukturiert, übersichtlich und ordentlich. Obwohl letzteres evtl. uns Erwachsenen am besten gefällt – doch auch das darf seinen Raum haben.

Die Arbeit mit Material braucht Ordnung, sonst findet keiner mehr irgendetwas. Nutzen Sie dazu aber die Hilfe der Kinder!

Der Morgenkreis

Der tägliche Morgenkreis ist unserer Meinung nach gerade in jahrgangsgemischten Klassen sehr wichtig. Hier kommen wir alle zusammen. Er ist eine Möglichkeit gemeinsam Dinge zu besprechen und zu reflektieren. Je nachdem, wie viel es zu besprechen gibt, oder ob vielleicht auch ein Kind Geburtstag hat, beginnen wir mit dem Morgenkreis 15 oder 20 Minuten vor Stundenende.
Wir gehen dazu gerne in den Teilungsraum. Sollten Sie keinen Teilungsraum zur Verfügung haben, möchten wir Sie dennoch zu einem gemeinsamen Morgenkreis in Ihrer Klasse ermutigen. Wir haben die Erfahrung gemacht, dass es selbst in der kleinsten Klasse möglich ist, einen Morgenkreis aufzubauen, zur Not um einen Gruppentisch herum. Wenn es Ihnen in der Klasse nicht möglich ist einen Stuhlkreis aufzubauen, setzen Sie sich doch mit den Kindern einfach auf die Erde.

Sie haben keinen Teppich im Klassenraum und der Boden ist zu kalt? Dann könnte folgender Tipp für Sie interessant sein: Nutzen Sie Teppichfliesen. Man kann sie beispielsweise in Baumärkten kaufen. Oder fragen Sie doch einmal in einem Teppich-Fachgeschäft nach, wann ein Kollektionswechsel ansteht. Dann könnten Sie das Glück haben, die alten eingefassten Teppich-Musterstücke zu bekommen. Natürlich können Sie diese Arbeit auch an nette Eltern delegieren.

Ihr Klassenraum ist trotz allem wirklich zu klein für einen Morgenkreis? Vielleicht steht ihnen auch ein anderer Raum zur Verfügung, wie eine Bibliothek, eine Aula oder Ähnliches.
Wir möchten Ihnen ans Herz legen, alle Möglichkeiten auszuschöpfen, damit Sie gemeinsam mit den Kindern in einem Morgenkreis zusammenkommen können.
Wir haben die Erfahrung gemacht, dass viele Lehrer die Wichtigkeit eines Morgenkreises unterschätzen. Die Kinder haben hier die Möglichkeit zu erzählen, ihre Fähigkeiten in verschiedenen Bereichen der sozialen Kompetenzen wie z.B. dem Zuhören, der empathischen Reaktion, der Toleranz etc. zu trainieren. Natürlich fördert das Zusammenkommen auch die Gruppengemeinschaft. Und bitte vergessen Sie nicht: Jeder Morgenkreis deckt zentrale Ziele des Rahmenlehrplans für den Deutschunterricht ab.

Was tun wir aber nun im Morgenkreis?
Unser Morgenkreis beginnt damit, dass das Kind, welches das Klassenbuch-Amt innehat, die Anwesenheit überprüft.

 *In unserer Lerngruppe mit Kindern aus dem 1., 2. und dem 3. Jahrgang gestalten wir das Überprüfen der Anwesenheit als eine Lernübung. Mal zählen wir gemeinsam vorwärts, mal rückwärts, sagen das Alphabet auf und ermitteln anhand des letztgenannten Buchstabens, wie viele Kinder fehlen, oder wir zählen in Fünferschritten, denn wir sind 25 Kinder und ermitteln die fehlenden Kinder durch den „Rest" und vieles mehr. Das Kind mit dem Klassenbuch-Amt wählt eine Zählweise aus. Es trägt dann die fehlenden Kinder im Klassenbuch ein. Wir können Ihnen berichten, dass das richtig prima klappt und allen viel Spaß macht.*

Wo sollen wir nur anfangen?

Natürlich nutzen wir den Morgenkreis noch für vieles andere mehr. Wir stellen oft fest, dass einige Kinder sehr viele Materialien nicht oder nur selten benutzten. Deshalb hat es für uns besondere Bedeutung, im Morgenkreis Materialien vorzustellen.

 Nutzen Sie den Morgenkreis für Materialvorstellung und -besprechung.

Manchmal stellen wir ganz neue Materialien vor, die wir neu gebastelt oder gekauft haben. Wir fragen dann ein Kind, ob es das Material kennt, weil es immer schöner ist, wenn Kinder sich die Sachen selbst erklären. Kennt kein Kind das neue Lernmaterial, erklären wir es selbst. Manchmal bringen die Kinder auch neues Material von zu Hause für unsere Klasse mit. Das stellen sie dann natürlich auch selbst vor.

 *Ein Junge hat unserer Klasse einen Sammelband mit kleinen Dinosaurier-Büchern geschenkt. Er hat es im Morgenkreis vorgestellt und den Kindern mitgeteilt, dass er es in die Leseecke legen wird. Die bunten dickseitigen Bücher sind bei allen Kindern sehr beliebt.*

 Lassen Sie die Kinder, so oft es geht, selbst erklären.

Wenn wir merken, dass mit einem Material lange nicht gearbeitet wurde, nehmen wir auch das mit in den Morgenkreis. Manchmal entdecken die Kinder aber selbst Altes wieder neu.

 *Neulich entdeckte ein Kind unser Fadenbrett, mit dem man die 1x1-Reihen üben kann, je nach Reihe ergibt sich auf dem Fadenbrett ein anderes Muster. Es hat dem Kind so viel Spaß gemacht, dass es fragte, ob es das Fadenbrett nicht im Morgenkreis vorstellen könne, um es den anderen Kindern zu erklären und nahe zu bringen. Das tat es dann und seitdem ist das Fadenbrett einer der beliebtesten 1x1-Trainer.*

 Kinder testen gerne neues Material und stellen es dann vor.

Neues Material soll von den Kindern ausprobiert werden. Hierzu melden sich die Kinder freiwillig und es wird als Wahlaufgabe unter „Besonders" auf ihrem nächsten Wochenplan eingetragen. Die Kinder geben dann am Freitag der folgenden Woche den anderen Kindern im Morgenkreis zu dem Material ein Feedback. Sie sagen, ab welchem Jahrgang damit gearbeitet werden kann, sprechen die Schwierigkeiten an und teilen mit, ob sie Spaß daran hatten. Das klappt wirklich prima. Probieren Sie es doch einmal aus!

Kinder können erprobte Materialien sehr gut beschreiben und kritisch betrachten, erkennen Grenzen und Möglichkeiten.

Der Morgenkreis ist auch der Ort, an dem die Kinder ihre Arbeit reflektieren. Jeweils ein Kind aus einem Jahrgang erzählt, wie es seine Arbeitsweise an diesem Tag bewertet. Wir stellen immer wieder fest, wie gut und selbstkritisch sich die Kinder einschätzen können. Hat ein Kind nicht so viel geschafft, können Sie gleich mit der gesamten Gruppe besprechen, woran es gelegen haben könnte. Ist es vielleicht zu laut zum Arbeiten gewesen, sagt das Kind, was es sich wünscht, spricht vielleicht auch einzelne Schüler an und es werden neue Verabredungen für den nächsten Tag getroffen.

Lassen Sie die Kinder vorschlagen, was sie zum besseren Arbeiten brauchen. Diese Wünsche und Anregungen finden bei den anderen Kindern oft mehr Gehör, als wenn Sie selbst Kritik äußern. Wir haben die Erfahrung gemacht, dass sich die Kinder ernst nehmen und sich gegenseitig auch während des Unterrichts an diese Absprachen erinnern.

Nutzen Sie den Morgenkreis zu Selbstreflexionen des Arbeitsverhaltens der Kinder.

Im Morgenkreis gibt es natürlich auch die Möglichkeit alles andere zu besprechen. Wir feiern z. B. gemeinsam Geburtstag. Dazu bauen wir den Montessori Jahreskreis auf.
Jedes Kind hat einen laminierten Papierpfeil mit seinem Namen und seinem Geburtsdatum. Den legen wir zusammen mit einer Kerze und Streichhölzern, einer von den Kindern selbstgebastelten und unterschriebenen Geburtstagskarte und einer Geburtstagskiste in die Kreismitte.
Das Geburtstagskind darf zu Beginn ein Kind aussuchen, welches ihm die Kerze anzündet, was alle Kinder sehr gerne machen.

2 Wo sollen wir nur anfangen?

Dann legt es seinen Geburtstagpfeil an die richtige Stelle im Jahreskreis. (An solchen Kleinigkeiten können Sie so viel ablesen, z. B.: Fängt das Kind an, von vorne jede Tagesperle abzuzählen, wenn es am 29.03. Geburtstag hat, oder weiß es schon, wie viele Tage der Monat hat, in dem es Geburtstag hat und kann es deswegen auch schon rückwärts zählen?)

Dann singen wir ein Geburtstagslied, das sich das Kind ebenfalls aussucht. Zu unserem „Repertoire" gehören das „Quatsch-Happy Birthday", das

„normale" Happy Birthday, „Viel Glück und viel Segen" und „Wie schön, dass du geboren bist". Sicher haben Sie Ihre ganz eigene „Liederschatzkiste".

Im Anschluss daran darf sich das Kind sechs Kinder aussuchen, die es auf einem Stuhl hochleben lassen. Natürlich werden auch die Geburtstage von uns Lehrern genauso gefeiert.

 Der Morgenkreis ist Ort für das schönste Ritual: Das Geburtstagfeiern.

Jedes Kind hat ein Geburtstagsbuch. In diesem klebt es selbst zu Hause zu jedem Geburtstag, von der Geburt an, ein Foto oder mehrere Fotos von sich selbst ein. Wenn es möchte, schreibt es zu den Fotos noch etwas dazu, manchmal helfen dabei aber auch die Eltern.

Ein Kind stellt das Geburtstagsbuch für das Geburtstagskind vor. Der geschriebene Text wird vorgelesen und die dazugehörigen Bilder werden gezeigt. Das

Geburtstagskind geht symbolisch pro Jahr einmal um den Jahreskreis, mal krauchend, mal krabbelnd, mal gehend, je nach Alter. Wir staunen immer, wie sehr sich alle Kinder dafür interessieren und wie genau sie aufpassen, ob das Geburtstagskind auch die richtige „Gangart" wählt.

Außerdem hat jedes Kind einen Perlenfaden, der vor unserem Klassenraum an einem Jahresstrahl hängt, natürlich bei dem eigenen Geburtstag. Eine rote Kugel auf dem Perlenfaden steht für ein volles Lebensjahr, eine blaue für jeden Monat. Der Perlenfaden wird während des Jahres von den Kindern selbst ergänzt. Während unserer Geburtstagsfeier werden die zwölf blauen Perlen für die vergangenen zwölf Monate gegen eine neue rote Jahresperle eingetauscht.

Im Anschluss daran darf sich das Kind etwas aus unserer Geburtstagskiste aussuchen, die wir mit Kleinigkeiten (z.B. 50-Cent-Artikel aus dem Schnäppchenmarkt, bezahlt aus der Klassenkasse) bestückt haben. Sollten Sie diese Anregung umsetzen wollen, möchten wir Ihnen folgenden Tipp geben: Legen Sie nicht zu viele Sachen in die Geburtstagskiste. Manche Kinder können sich beim Anblick dieser vielen schönen Sachen nicht entscheiden und so vergeht doch recht viel Zeit, bis sie sich das Passende ausgewählt haben.

Das abschließende Ritual ist besonders schön. Das Geburtstagskind bläst seine Kerze aus. Dabei wünscht es sich etwas, und zwar so lange, wie der Rauch der erloschenen Flamme zu sehen ist. Alle Kinder unterstützen den Wunsch in Gedanken und bleiben so lange ganz still, bis der Rauch aus dem geöffneten Fenster verschwunden ist; dann klatschen wir.

Natürlich bietet der Morgenkreis auch Raum, um alles zu besprechen, was die Kinder auf dem Herzen haben, oder was es an neuen Informationen unsererseits gibt, eben alles Organisatorische.

Der Fachunterricht

Unser Schulvormittag besteht selbstverständlich nicht nur aus Wochenplan- und Freiarbeit. Bei uns nimmt diese Zeit wöchentlich acht Stunden in Anspruch. Auch der Fachunterricht hat seinen festen Platz im Stundenplan. Er deckt alle übrigen Unterrichtsstunden ab, die die Stundentafel vorgibt.

Drei wichtige Fragen wollen wir Ihnen in diesem Kapitel beantworten:
→ Welche Inhalte werden im Fachunterricht behandelt?

2. Wo sollen wir nur anfangen?

→ Wie kann der Fachunterricht organisiert werden?
→ Wie finden sich die Inhalte des Fachunterrichts im individuellen Wochenplan wieder?

Wir unterscheiden zwischen jahrgangsgemischtem und jahrgangshomogenem Fachunterricht.

Der jahrgangsgemischte Fachunterricht

Unser Kollegium hat sich dazu entschieden, auch die Fächer, die nicht in die Wochenplanzeit einfließen, jahrgangsgemischt zu unterrichten. Denn nur so können die Vorteile dieses Systems voll ausgeschöpft werden (➡ Wieso, weshalb, warum? – Vorteile des jahrgangsübergreifenden Lernens, S. 11).

Daher findet bei uns der Unterricht in den Fächern Musik, Kunst, Sachunterricht, Sport, Religion, Deutsch und Englisch in weiten Teilen in jahrgangsgemischten Gruppen statt. Ja – in weiten Teilen – denn nicht immer ist das organisatorisch möglich. Doch dazu später!

Unterrichten Sie möglichst viele Fächer in jahrgangsgemischten Gruppen, um die Vorteile dieses Systems voll ausschöpfen zu können.

Greifen wir nun noch einmal die oben gestellten Fragen auf.

Welche Inhalte werden im jahrgangsgemischten Fachunterricht behandelt?

Die Grundlage hierfür bieten die Rahmenpläne der jeweiligen Fächer. Sehr praktisch ist, dass diese bereits die Jahrgänge 1/2 zusammenfassen. So bekommen Sie schon einen Teil Ihrer jahrgangsübergreifenden Stoffverteilung gewissermaßen „gratis". Es gibt auch einige Schulbücher, die für jeweils zwei Jahrgänge gelten. Diese können Ihnen weitere Anregungen liefern.

Ein wenig problematisch ist allerdings die Position des 3. Jahrgangs, wenn man die Klassen 1–3 mischt. Da er in den Rahmenplänen mit dem 4. Jahrgang kombiniert ist, müssen Sie eine Entscheidung treffen, wie Sie diese Inhalte aufteilen wollen. Sinnvoll ist es, wenn Sie gemeinsam mit den Kollegen einen schulinternen Stoffverteilungsplan entwerfen.

Wie kann der jahrgangsgemischte Fachunterricht organisiert werden?

Um allen Kindern gerecht werden zu können, muss auch der Fachunterricht möglichst offen gestaltet werden, d.h. er bedarf einer sehr breit gefächerten Differenzierung.

Im sportlichen und musisch-künstlerischen Bereich kann dies relativ einfach gelingen. Die Kinder setzen die ihnen gestellten Aufgaben nach ihren persönlichen

Fähigkeiten und Fertigkeiten um. Die Kinder laufen, werfen, springen, basteln, malen, modellieren, singen, tanzen und musizieren so gut, wie sie eben können. Und falls Sie denken, die Erstklässler wären dabei immer im Nachteil, irren Sie gewaltig. Sie versetzen uns und auch die älteren Schüler immer wieder in Erstaunen.

Gegen Ende des letzten Schuljahres wurden im Kunstunterricht Bleistiftzeichnungen angefertigt. Die Kinder sollten ein Bonbon abzeichnen. Es war verblüffend, mit welcher Genauigkeit die Kinder jeden einzelnen Faltenwurf des Bonbonpapiers wiedergaben. Ein Erstklässler versetzte uns ganz besonders in Erstaunen: Seine Zeichnung war unglaublich filigran, was umso mehr ins Gewicht fiel, da seine Buchstaben und Zahlen normalerweise wie ungelenke Riesen über das Papier tanzten.

Auch im Sprach- und Sachunterricht können die Aufgaben auf unterschiedlichem Niveau gelöst werden. Je nach persönlichem Lernstand kann beispielsweise die „Nacherzählung" einer Geschichten aus einer gemalten Bildfolge bestehen, die das Kind mündlich kommentiert, aber auch aus einem Dreizeiler eines Schreibanfängers sowie aus einem zweiseitigen ausführlichen Text eines Drittklässlers. In ähnlich differenzierter Form ließe sich zum Beispiel das Ergebnis eines sachunterrichtlichen Experiments festhalten.

Bieten Sie Aufgaben an, die die Kinder ihrem individuellen Lernstand entsprechend auf unterschiedlichem Niveau lösen können.

Mit der Bereitstellung verschiedener Aufgaben können Sie dies noch unterstützen. Am Beispiel des Stationenlernens im Sachunterricht möchten wir Ihnen genauere organisatorische Hinweise geben. Eine dreiteilige Struktur dieser Unterrichtsstunden hat sich bewährt: Einführungsgespräch – Arbeit an den Stationen – Abschlussgespräch. Und so könnte das aussehen:
Wir beginnen diese Stunden jeweils mit einem Unterrichtsgespräch. Je nachdem, ob die aktuelle Stunde am Anfang, in der Mitte oder am Ende der thematischen Einheit steht, werden hier gemeinsam mit den Kindern unterschiedliche Dinge besprochen. Wir können beispielsweise eine Einführung in ein neues Thema geben. Damit die Kinder sich in der anschließenden Arbeitsphase selbst etwas auswählen können, ist es wichtig, zunächst die einzelnen Stationen vorzustellen. Wenn es verschiedene Schwierigkeitsgrade gibt, müssen diese deutlich gekennzeichnet

Wo sollen wir nur anfangen?

sein. Es bieten sich z.B. farbige Klebepunkte: Aufgaben mit einem Punkt sind leicht zu lösen, Stationen mit drei Punkten sind kniffeliger. Wenn schon in vorhergehenden Stunden an dem Thema gearbeitet worden ist, können die bisherigen Arbeitsergebnisse noch einmal zusammengefasst werden, um von ihnen ausgehend weiterzuarbeiten. Dann erinnern sich die Kinder daran: „Ach ja, da waren wir stehen geblieben!"

In der nächsten Phase arbeiten die Kinder individuell an den Stationen. An diesen stehen Arbeitsmaterialien zu den Teilbereichen unseres aktuellen Themas bereit, die sich auch in ihrem Schwierigkeitsgrad unterscheiden. Um sowohl sich selbst als auch den Kindern einen Überblick zu verschaffen, was sie schon erledigt haben, hat sich ein Laufzettel bewährt. Auf diesem sind alle Angebote aufgelistet und das Kind kreuzt an, was es schon geschafft hat. Auf diesem Laufzettel können Sie gegebenenfalls Pflichtaufgaben besonders hervorheben.

Am Ende der Stunde thematisieren wir in einer Abschlussrunde den aktuellen Stand der Arbeit oder Probleme. Da wir immer wieder beobachten können, dass viele Kinder mit halb fertigen Arbeiten schlecht umgehen können, halten wir die Zusammenfassung von Zwischenergebnissen für sehr wichtig.[10]

Stellen Sie Stationen mit differenziertem Angebot bereit.

Falls Sie unsicher sind, wie Sie die Stationen zusammenstellen sollen, versuchen Sie sich Schritt für Schritt heranzutasten:
Sammeln Sie zunächst alle Lernziele, die die Schüler in der Unterrichtseinheit erreichen sollen. Dabei können Sie auch nach Zielen für die einzelnen Jahrgänge differenzieren. Bei besonders starken bzw. schwachen Schülern sollten Sie die Möglichkeit offen lassen, die betreffenden Kinder anders zuzuordnen.
Im nächsten Schritt überlegen Sie, mit Hilfe welcher Arbeitsmaterialien die Kinder die Teilthemen bzw. Teilziele der Einheit selbstständig erarbeiten können: Arbeitsbögen, Experimentierstationen u. Ä. Dann stellen Sie alle benötigten Materialien zusammen.

Achten Sie allerdings bei der Auswahl der Stationen darauf, dass nicht nur eine Auswahl von Arbeitsblättern bereitliegt, die schriftlich bearbeitet werden müssen. Bieten Sie darüber hinaus Aufgaben zum Basteln und Konstruieren, aber auch Stationen zum Experimentieren und Beobachten an, um den einzelnen Jahrgängen noch besser gerecht werden zu können.

Zu vielen Themen des Sprach- und Sachunterrichts gibt es Mappen vom Verlag an der Ruhr, die man direkt einsetzen kann. So können Sie sich viel Vorbereitungsaufwand ersparen.

 Beachten Sie bei der Auswahl von Lernstationen das Prinzip der Handlungsorientierung.

Als weitere Differenzierungsmöglichkeit bietet sich die Parter- und Gruppenarbeit an. Da die Kinder diese Möglichkeit schon aus den Wochenplanstunden kennen, werden sie ganz selbstverständlich im Fachunterricht darauf zurückgreifen.
An verschiedenen Stellen kann es jedoch auch sinnvoll sein, wenn Sie als Lehrer gewisse Vorgaben für Arbeitsgruppen oder -partner machen. Sie können ganz bestimmte Kinder einander zuordnen, wenn Sie davon ausgehen, dass diese gemeinsam produktiver arbeiten. Sie können aber auch lediglich vorgeben, dass eine Gruppe beispielsweise aus drei oder vier Kindern bestehen soll, die zu verschiedenen Jahrgängen gehören müssen.

Wenn Sie zum Beispiel im Deutschunterricht eine Geschichte schreiben lassen wollen, können die älteren Kinder als „Sekretäre" der jüngeren Kinder fungieren und für sie etwas aufschreiben.

2 Wo sollen wir nur anfangen?

 Nutzen Sie die Vorteile der Partner- und Gruppenarbeit, indem Sie gezielt jüngere und ältere Kinder mischen.

 Falls es Ihnen Probleme bereitet, den Fachunterricht so offen zu gestalten, beginnen Sie doch mit zunächst drei Lernangeboten, jeweils einem für jeden Jahrgang. Sie werden sehen, wie selbstverständlich sich die Kinder je nach persönlichem Leistungsvermögen an den Aufgaben anderer Jahrgänge orientieren.
Eine andere Einstiegsvariante ist, für den ersten Jahrgang (besonders im ersten Schulhalbjahr) eine separate Aufgabe zu stellen, bei der das Lesen und Schreiben nicht zwingend notwendig ist, während die beiden anderen Jahrgänge komplexere Arbeiten erledigen.

Wie finden sich die Inhalte des jahrgangsgemischten Fachunterrichts im individuellen Wochenplan wieder?

Viele Kinder möchten von sich aus angefangene Aufgaben aus dem Deutsch- und Sachunterricht in den Wochenplanstunden weiter bearbeiten. Sie tragen dies dann selbstständig in ihren Plan ein.
Genauso haben wir als Lehrer die Möglichkeit, Dinge aus dem Fachunterricht direkt in den nächsten Wochenplan zu schreiben, sodass daraus eine Pflichtaufgabe wird.

 Inhalte des Fachunterrichts können im Wochenplan weitergeführt werden.

Leider ist es insgesamt schwierig, den sportlichen und musisch-künsterlischen Bereich zu integrieren, da es kein oder wenig Lernmaterial dazu gibt.
Doch wenn Sie offen sind für die Ideen der Kinder, können sich hier sehr interessante Dinge ergeben.

 *Eine Gruppe von vier Drittklässlerinnen bat uns im letzten Schuljahr, während der Wochenplanzeit in den Musikraum gehen zu dürfen. Die Mädchen hatten eine Geschichte geschrieben und wollten sie mit den Orff-Instrumenten vertonen. In einer Frühstückspause spielten sie uns ihre Geschichte vor. Eine tolle Idee, finden wir!*

Der jahrgangshomogene Fachunterricht

Betrachten wir auch an dieser Stelle noch einmal die eingangs aufgeführten Fragen:

Welche Inhalte werden im jahrgangshomogenen Fachunterricht behandelt?
Besonders in den Fächern Deutsch und Mathematik gibt es Themen, die aufgrund des Rahmenlehrplans alle Kinder eines Jahrganges in einem gewissen Zeitraum erlernen sollen.
Im jahrgangsheterogenen Unterricht haben Sie die Möglichkeit – wenn Sie zu zweit unterrichten – während der Wochenplanzeit einen Jahrgang für eine gemeinsame Phase herauszunehmen, um spezielle jahrgangsbezogene Inhalte zu vermitteln, während Ihr Kollege die anderen Kinder weiter betreut. Wir haben jedoch im Lauf der Zeit festgestellt, dass bei dieser Methode, dauerhaft angewandt, einige Themen nicht intensiv genug vermittelt werden konnten. Dies zeigte sich daran, dass die Kinder die Inhalte nicht ausreichend verinnerlicht hatten. Aus diesem Grund hat unser Kollegium beschlossen pro Woche jeweils eine jahrgangshomogene Fachstunde für Deutsch und Mathematik fest im Stundenplan zu verankern. In diesen Stunden steht dann Zeit zur Verfügung, die Kinder in neue Themen einzuführen. Das Üben und Weiterbearbeiten der Inhalte erfolgt dann im Wochenplanunterricht. Im Fachunterricht Mathematik geht es also in erster Linie um die Einführung neuer Rechenverfahren und Zahlbereiche, aber auch um das Einarbeiten in die verschiedenen Größenbereiche. Im Deutschfachunterricht handelt es sich um die Erarbeitung neuer Rechtschreib- und Grammatikphänomene, aber auch das gemeinsame Lesen einer Ganzschrift.
Welche Themen das jeweils im Einzelnen sind, sollten Sie in einer schulinternen Stoffverteilung festlegen. An unserer Schule ist beispielsweise festgelegt, welche Fachinhalte in den jeweiligen Fachstunden Raum finden sollen und welche während der Wochenplanzeit von den Kindern selbstständig bearbeitet werden. Um ein Schuljahr besser strukturieren zu können, hat sich unser Kollegium dazu entschieden, das Schuljahr in „Vierteljahre" zu teilen: von den Sommerferien bis zu den Herbstferien, von den Herbstferien bis zu den Weihnachtsferien usw.
Auf diese Weise wissen sowohl die Fach- als auch die Klassenlehrer, welche Themen sie zu welchem Zeitpunkt anbieten müssen.

 Stellen Sie einen schulinternen Stoffverteilungsplan zusammen. Er soll verdeutlichen, welche Inhalte vom jahrgangshomogenen Fachunterricht und welche von der Wochenplan- und Freiarbeit abgedeckt werden sollen.

Neben der Bearbeitung dieser rein fachlichen Inhalte legen wir besonderen Wert darauf, in den Fachstunden mit den Kindern intensive Gespräche über die Lerninhalte zu führen. Hier ist zum Beispiel Platz für Schreibkonferenzen, für das Lösen von „offenen" Sachaufgaben und für die Vorstellung individueller Lösungsstrategien der Kinder. Letztere werden von vielen neuen Rahmenplänen ausdrücklich gefordert.

Wie kann der jahrgangshomogene Fachunterricht organisiert werden?
Da in jeder Klasse nur etwa sieben bis zehn Kinder eines Jahrganges sind, wäre es von der Verteilung der Lehrerstunden her kaum möglich, diese Kleingruppen einzeln zu betreuen. Man kann aber gut auf folgendes Modell zurückgreifen:
Für die Fachstunden werden Kinder des gleichen Jahrgangs aus mehreren Klassen zusammengefasst. Auf organisatorischer Ebene ist es dazu von Vorteil, wenn der Fachunterricht für alle Jahrgänge zur selben Zeit stattfindet.
Wir verdeutlichen es einmal am Beispiel unserer Schule:
Am Dienstag findet bei uns in der 5. Stunde der Fachunterricht Deutsch statt. In dieser Stunde bilden alle Zweitklässler aus unseren drei jahrgangsgemischten Klassen eine jahrgangshomogene Lerngruppe, alle Drittklässler eine weitere. Die Klassenverbände sind während dieser Zeit aufgelöst.

Für den jahrgangshomogenen Fachunterricht müssen Sie gegebenenfalls stundenweise die Klassenverbände auflösen und zu neuen Lerngruppen zusammensetzen.

Doch was passiert mit einem Kind, das durch die Arbeit in der jahrgangshomogenen Gruppen entweder permanent über- oder unterfordert ist? Um dieses Kind sinnvoll zu fördern und nicht immer wieder zu frustrieren, sollten Sie es in dem betreffenden Fach einfach einmal probeweise bei einem anderen Jahrgang mitarbeiten lassen. Falls das Kind dort besser zurechtkommt, sollten Sie es dort lassen.
Ein überfordertes Kind hat auf diese Weise die Möglichkeit, entspannt seine Defizite aufzuholen und nach einer gewissen Zeit vielleicht sogar wieder in den Fachunterricht seines eigentlichen Jahrgangs zurückzukehren.
Dieses Vorgehen müssen Sie allerdings vorher mit den Eltern und der Schulleitung absprechen.

Bei der Organisation der jahrgangshomogenen Fachstunden müssen natürlich Differenzierungsangebote gemacht werden. Denken Sie immer daran: Es handelt sich zwar um eine jahrgangshomogene, nicht aber um eine leistungshomogene Lerngruppe.

Nutzen Sie daher auch hier die oben genannten Möglichkeiten.

 Auch der jahrgangshomogene Fachunterricht ist ein differenzierter Unterricht.

Wie finden sich die Inhalte des jahrgangshomogenen Fachunterrichts im individuellen Wochenplan wieder?

Zum einen dient der Fachunterricht der Einführung in neue Themen, die dann in der Wochenplanzeit geübt und vertiefend behandelt werden. Beispielsweise macht der Fachlehrer die Kinder mit den Längen „Meter und Zentimeter" bekannt. Als Arbeitsauftrag für die nächsten Wochenplanstunden erhalten sie das „Buch vom Messen", in dem sie verschiedene Aufgaben zum Thema selbstständig lösen sollen. Zum anderen kann es sein, dass in der Wochenplanzeit Themen des Fachunterrichts vorbereitet werden. Abstrakte Inhalte werden mit Hilfe des Materials im Wochenplanunterricht für den entsprechenden Jahrgang eingeführt. Im Fachunterricht werden diese Themen dann auf einer abstrakteren Ebene aufgegriffen und bearbeitet. Ein Beispiel dazu ist die Einführung in das kleine 1x1. Bei uns arbeiten die Kinder zunächst in der Wochenplanzeit mit dem Montessori-Material „Kleines Multiplikationsbrett". Sie legen alle Aufgaben des kleinen 1x1 mit Perlen und zählen die Ergebnisse ab. Erst wenn alle Schüler auf diese Weise das Wesen der Multiplikation verstanden haben, wird das Thema im Fachunterricht aufgegriffen. Hier lernen die Kinder dann, wie sie diese Aufgaben auch ohne Material ausrechnen können.

Bei dieser engen Verknüpfung von Fachunterricht und Wochenplan ist es unerlässlich, dass ein regelmäßiger Austausch zwischen Fach- und Klassenlehrern stattfindet. Nur so kann ein kontinuierliches Arbeiten gewährleistet werden.

Damit das nicht in umfangreichen zusätzlichen Besprechungszeiten ausartet, sollten Sie einen schnellen und „unbürokratischen" Weg dafür finden. Eine Kollegin hatte dazu folgende Idee:

An einer Stelle, an der alle Kollegen täglich vorbeikommen, hängt eine Fachunterrichtsiste zur Koordination von Fachunterricht und Wochenplan für Deutsch und Mathematik, gegebenenfalls auch für den Sachunterricht. Eine Pinnwand über dem Kopierer hat sich als sehr praktikabel herausgestellt. Auf dieser Liste trägt jeder Fachlehrer ein, welchen Stoff er bearbeitet hat, welche Aufgaben die Schüler auf jeden Fall während der nächsten Woche bearbeiten sollen, welche Dinge langfristig zu üben sind und mit welchen Materialien vorbereitende Übungen durchgeführt werden sollen. Jede Woche gibt es eine neue Liste, denn sie bildet die Grundlage für die Erstellung der nächsten Wochenpläne.

2 Wo sollen wir nur anfangen?

Sorgen Sie für einen regelmäßigen, aber unbürokratischen Informationsaustausch zwischen Fach- und Klassenlehrern, zum Beispiel in Form einer schriftlichen Notiz an zentraler Stelle.

Wir möchten Ihnen diese von uns erprobte Möglichkeit des Informationsaustausches sehr ans Herz legen. Der Zeitaufwand ist minimal und alle wichtigen Informationen kommen wirklich bei den Kollegen an. Sie gestalten auf dieser Grundlage die weitere Arbeit der Kinder.

Arbeitszeit am Nachmittag

Bei uns an der Schule gibt es die Arbeitszeit am Nachmittag. D. h. nach dem Unterricht können die Kinder eine dreiviertel Stunde lang die Aufgaben, die sie in der Wochenplanstunde nicht geschafft haben, nachholen oder diese Zeit zum Üben nutzen. Die Arbeitszeit wird von unseren Horterziehern betreut.

Arbeitszeit am Nachmittag ist zusätzliche Zeit zum Arbeiten. Hier können die eigenen Aufgaben mit Betreuung
- *aufgeholt,*
- *nachgeholt und*
- *fertig gestellt werden.*

Sollten Ihnen dazu keine Horterzieher zur Verfügung stehen, können Sie diese Zeit vielleicht auch von Eltern abdecken lassen.
Viele Kinder gehen gerne freiwillig in die Arbeitszeit, besonders, wenn sie feststellen, dass sie ihre Aufgaben wahrscheinlich nicht schaffen. Sie können sehr gut abschätzen, ob sie ihren Wochenplan in der Woche schaffen oder ob sie diese zusätzliche Arbeitszeit brauchen. Sie haben ein inneres Bedürfnis ihren Plan fertig zu bekommen und wissen, dass sie in der Arbeitszeit Hilfestellung bekommen. Manche Kinder gehen auch einfach so gerne hin, um angefangene Aufgaben zu beenden oder um neues Material auszuprobieren.
Wichtig ist es, mit den Eltern und den Kindern abzusprechen, an welchem Tag das Kind, mindestens ein Mal in der Woche, die Möglichkeit hat, zur Arbeitszeit zu gehen.

Damit das Kind die Arbeitszeit nutzen kann, braucht es feste Absprachen mit der Familie.

Jede Familie wählt einen Tag in der Woche für das Kind aus, den sie dann für die Arbeitszeit freihält, d.h. keine Zahnarztbesuche, kein frühes Abholen zum Einkaufen, keine privaten Termine, wie Sportverein, Flötenunterricht oder Ähnliches.

Zu Beginn des Schuljahres hängen wir vor unserer Klasse eine ✂ Eltern-Liste für die Arbeitszeit aus. Auf dieser Liste ist bereits berücksichtigt, dass – aufgrund des Stundenplans oder wegen bestimmter Nachmittagsangebote – nicht alle Kinder an allen Tagen Zeit für die Arbeitszeit haben. Falls beispielsweise die Drittklässler am Mittwoch nicht zur Arbeitszeit kommen können, weil gleichzeitig die AGs stattfinden, ist dieses Feld bereits durchgestrichen.
Die Eltern müssen dann nur noch ihre privaten Termine überprüfen und daraufhin ihr Kind eintragen. Anhand dieser Liste erstellen wir eine ✂ Wochenübersicht für die Arbeitszeit. Jeweils am Ende der Wochenplanstunde lesen wir zur Erinnerung noch einmal die Namen der Kinder vor, die an diesen Tag für die Arbeitszeit eingetragen sind. Der betreuende Horterzieher stellt am Nachmittag die Kindergruppe mit Hilfe unserer Übersichtsliste zusammen und trägt darauf ein, welches Kind wirklich bei der Arbeitszeit anwesend war. Da einige Kinder die Arbeitszeit trotz aller Maßnahmen manchmal verpassen, haben wir mit den Eltern auf dem ersten Elternabend des Schuljahres besprochen, dass sie ihre Kinder an dem Tag, an dem sie für die Arbeitszeit eingetragen sind, morgens noch einmal erinnern. Da es den meisten Eltern sehr wichtig ist, dass ihre Kinder diese Zeit für sich nutzen, klappt das relativ gut.

Wenn Ihre Schule als Ganztagsschule organisiert ist, nutzen Sie die Zeit, die Ihnen zur außerunterrichtlichen Förderung und Betreuung[11] zur Verfügung steht, als „Arbeitszeit".

Wir haben keine Nachmittagsbetreuung!
Falls es an Ihrer Schule keine Nachmittagsbetreuung gibt, sollten Sie eine Form der Hausaufgaben finden, die sich mit dem offenen Unterrichtskonzept vereinbaren lässt. Da Sie am Vormittag einen individualisierten Unterricht anbieten, müssen die Hausaufgaben konsequenterweise ebenfalls stark differenziert sein.

2 Wo sollen wir nur anfangen?

 Differenzierte Hausaufgaben sind eine konsequente Weiterführung des offenen, jahrgangsgemischten Unterrichts.

Da die Kinder am Vormittag an sehr unterschiedlichen Dingen arbeiten, ist es kaum oder gar nicht möglich, gemeinsame Hausaufgaben zu stellen. Allerdings sollten Hausaufgaben eine Weiterführung des Unterrichtsstoffes sein und können aus dem Wochenplan oder der Freiarbeit entstehen.

 Hausaufgaben können aus dem Wochenplan oder der Freiarbeit entstehen.

Dabei können Sie wie folgt vorgehen. Sie vereinbaren mit den Kindern gemeinsam, dass jedes Kind pro Woche eine selbstgewählte Schreib-, Lese- und/ oder eine Mathematikaufgabe zu Hause bearbeitet. Tut sich ein Kind jedoch mit der selbstständigen Auswahl der Hausaufgaben schwer, können Sie auch auf dem Wochenplan eine gesonderte Rubrik für Hausaufgaben einfügen, in der Sie dann verbindliche Pflichtaufgaben eintragen. Dabei kann es Pflichtaufgaben geben, die alle Kinder eines Jahrgangs lösen sollen, aber auch wieder individuell auf das Kind zugeschnittene. Der Vorteil von Hausaufgaben, die für eine ganze Woche angelegt sind, besteht darin, dass die Kinder in freier Zeiteinteilung, die sie aus dem Unterricht kennen, am Nachmittag weiterarbeiten können. Da viele Kinder beträchtliche nachmittägliche Verpflichtungen (Musikschule, Sport, etc.) haben, können sie selbst bzw. mit den Eltern gemeinsam entscheiden, an welchen Tagen sie gut zu Hause arbeiten können.

 Geben Sie langfristige Lernziele als Dauerhausaufgabe auf.

Dies kann zum Beispiel das Trainieren der 1x1-Reihen sein, aber auch das regelmäßige Lesen oder das Üben der aktuellen Lernwörter.
Wir haben mit den Kindern bzw. Eltern die Vereinbarung getroffen, dass sie möglichst täglich etwas lesen und eine fünfminütige Kopfrechenphase in ihren Tagesablauf integrieren. Bezüglich des Rechnens geben wir an den Elternabenden Informationen über den aktuell zu übenden Zahlenraum und die entsprechenden Rechenoperationen.

 Treffen Sie individuelle Absprachen bei besonderem Übungsbedarf.

Falls ein Kind in einem Lernbereich besondere Probleme oder Nachholbedarf hat, treffen wir in einem Eltern-Kind-Gespräch individuelle Absprachen. So gibt es beispielsweise mit einem Kind die Vereinbarung, dass es zweimal pro Woche Zusatzübungen aus dem Schreibschriftlehrgang macht. Ein anderes löst täglich 10 Additions- und Subtraktionsaufgaben aus dem Zahlenraum bis 20. Schauen Sie sich also ihre Kinder an und legen Sie danach individuelle Spezialaufgaben fest.

Falls es Probleme mit den Hausaufgaben gibt, ist es in den wenigsten Fällen damit getan, das Kind zu ermahnen. Versuchen Sie in einem Elterngespräch die Ursachen zu klären und verbindliche gemeinsame Absprachen zu treffen. Eventuell müssen Sie auch die Hausaufgaben für das betreffende Kind bezüglich des Schwierigkeitsgrades oder der Menge verändern.

Die „Kontrolle" der Hausaufgaben erfolgt über die Lehrerablage.

Die Durchsicht der Hausaufgaben integriert sich in den normalen Wochenplanunterricht. Die Kinder legen ihre zu Hause bearbeiteten Aufgaben in die Lehrerablage und wir sehen diese gemeinsam mit den Arbeitsergebnissen des Wochenplanunterrichtes durch.

Dass die Kinder durch individualisierte Aufgaben und die Auswahlmöglichkeiten motiviert werden, zeigt sich immer wieder in erstaunlichen Äußerungen. Einige Beispiele sollen Ihnen Mut machen.
„Trägst du mich heute auch für die Arbeitszeit ein?"
„Kann ich das mit nach Hause nehmen und da weitermachen?"
„Am Wochenende habe ich 10 Seiten im Schreibschriftheft gemacht!"

Die Klassenraumgestaltung

Wenn es um die Klassenraumgestaltung geht, sind natürlich Themen wie die Stellung des Lehrertisches, die Anordnung der Regale und allem voran die Sitzordnung von zentraler Bedeutung. Aber darüber hinaus gibt es ein paar Kleinigkeiten, die nicht fehlen sollten. Lassen Sie uns mit diesen anfangen:

Sitzordnung
Im jahrgangsübergreifenden Unterricht ist es unserer Meinung nach von zentraler Bedeutung, dass die Kinder in Gruppen zusammensitzen, um zusammen arbeiten zu

Wo sollen wir nur anfangen?

können – und das natürlich altersgemischt. Dazu ist es nötig, drei Tisch- und Stuhlgrößen in der Klasse zu kombinieren. Da die Körpergrößen der Kinder in allen Altersstufen sehr verschieden sind, ist es einfach möglich die Sitzordnung zu mischen.
Manche Kinder des dritten Jahrgangs sind genauso groß, wie Kinder des ersten und können prima gemeinsam an einem kleinen Tisch sitzen. Gleiches gilt natürlich umgekehrt. Sollten sich diese Größengleichheiten der Kinder nicht in Ihrer Klasse finden, sollten Sie verschiedene Tischgrößen zu einer Tischgruppe zusammenstellen.

 Achten Sie auf die Altersmischung der Kinder an den Tischgruppen!

Die Anordnung der Regale

Bei jeder Tischgruppe steht mindestens ein Regal. Neben allgemeinen Arbeitsmaterialien finden sich hier die Ordnungssysteme der Schüler.
Uns ist es wichtig, dass die persönlichen Arbeitsmaterialien nahe beim Kind sind. Der Schüler kommt schnell und auch relativ geräuschlos an seine Sachen, was für uns einen wichtigen Aspekt darstellt. Andere Klassen haben an einer zentralen Stelle im Raum Regale mit den Arbeitsmaterialien der Kinder eingerichtet, was natürlich auch funktioniert.

Praktische Tipps

Es hängt zum einen von den räumlichen Möglichkeiten, zum anderen aber auch von den eigenen Schwerpunkten ab. Als Ordnungssysteme der Schüler haben sich als praktisch erwiesen:
Ein Hängeregister für das Ablegen des Wochenplans, die Rückgabe korrigierter Arbeiten oder das Ablegen unvollendeter Aufgaben; ein Stehsammler für Hefter, Hefte und das Geschichtenbuch; ein Holzkasten, in dem das Kind Federtasche, Klebe, Anspitzer, Lineal, Lese-Ausweise, 1x1- Führerscheine etc. ablegen kann.

Am Anfang des Schuljahres nehmen wir uns eine Wochenplanstunde für die Kinder des ersten Jahrgangs Zeit. Alle Kinder nehmen dann ihre gesamte Ablage mit in den Teilungsraum und wir setzen uns in einen Sitzkreis. Wir beginnen damit zu erklären, in welches Ordnungssystem welches Arbeitsmittel abgelegt werden soll.
Dann nehmen wir uns gemeinsam nacheinander die Ablagen jedes einzelnen Kindes vor. Als erstes wird das Hängeregister in der Kreismitte entleert.

In unserer Klasse

Wo sollen wir nur anfangen?

Jedes einzelne Teil wird in die Hand genommen und es wird gemeinsam mit allen Kindern besprochen, ob es hier wohl richtig eingeordnet war. „Verirrte" Dinge werden richtig abgelegt, richtig einsortierte wieder dorthin zurückgelegt. So wird das Ordnungssystem jedes Kindes durchgesehen.

Wie gut das die Kinder dabei unterstützt, sich zu merken, wo welche Arbeitsmaterialien einsortiert werden, zeigt sich uns, wenn wir etwas bei den Kindern suchen wollen und damit in der falschen Ablage beginnen. Dann heißt es schnell: „Na, das liegt doch in meinem Schubfach!"

Da uns, wie bereits oft erwähnt, die Fähigkeit des Kindes zur Selbstorganisation sehr wichtig ist, halten wir das zeitintensive Einführen der Ordnungssysteme für sehr wichtig – und: es trägt wirklich Früchte.

Die Aufbewahrung des Materials in der Nähe der Schüler sorgt für mehr Ruhe in der Klasse.

Ein Regal dient uns stets als „Ausstellungsraum". Passend zu jeder Unterrichtseinheit bringen die Kinder Materialien von zu Hause mit – Bücher, Stofftiere, Modelle, Bilder, Selbstgebasteltes o. Ä. Während der ganzen Unterrichtseinheit stehen diese Dinge zum weiteren Schmökern, Spielen oder Ansehen allen Kindern zur Verfügung. Vorgestellt werden diese Sachen immer zuerst in unserem Morgenkreis (➡ In unserer Klasse: Der Morgenkreis, S. 57/58).

Das eigene Material zum Thema allen anderen Kindern zur Verfügung zu stellen, führt dazu, dass sich die Kinder noch stärker mit dem Thema identifizieren.

Strukturierung der Materialregale

Die Regale mit vielfältigstem Material (➡ Nichts geht ohne – Material: Unser Potpourri, S. 132) sind nach Unterrichtsfächern und inhaltlichen Schwerpunkten geordnet. Über jedem Regal hängt ein Schild, auf dem der Schüler von weitem lesen kann, was sich darin befindet. Die Schilder der Themenbereiche Deutsch, Mathematik, Sachunterricht greifen die Farben der Schnellhefter der Kinder auf. Der Bereich Sprache ist blau, Sachunterricht grün, Mathematik rot gekennzeichnet. Damit sich die Kinder aller Jahrgänge das Schild erlesen können, steht hier der Arbeitsbereich in Schriftsprache („Schreiben"), ergänzt durch das Symbol, das diesen Bereich auch auf dem Wochenplan kennzeichnet, bei uns ist dies ein Stift.

Darunter steht der Schwerpunkt des Regals als Titel in kindgerechter und spannungs-
erzeugender Weise. Wie z.B. „Richtig schreiben" oder „Der Sprache auf der Spur"
anstatt „Rechtschreibung" bzw. „Grammatik" (➡ Nichts geht ohne – Material:
Unser Potpourri, S. 132).

Unsere Regalstruktur als Übersicht:
(einige Themen sind im selben Regal untergebracht)

Lernbereich und Symbol	Name des Regals/des Themas	Inhaltlicher Schwerpunkt
Mathematik	Die Zahlen kennen lernen	Mengenerfassung, Zahlbegriffserwerb, Ziffernschreibkurs
	Rechnen bis 20	Addition und Subtraktion bis 20
	Rechnen bis 100	Erschließung des Zahlenraums bis 100, die 4 Grundrechenarten
	Rechnen bis 1.000.000	Erschließung des Zahlenraums bis 1.000.000, die 4 Grundrechenarten
	Formen und Körper	Geometrie
	Messen, wiegen, die Uhr lesen	Größen
Schreiben	Die Buchstaben lernen	Schreiblehrgang
	Wörter schreiben	Erstschreiben
	Geschichten schreiben	Freies Schreiben und Aufsatzerziehung
	Richtig schreiben	Rechtschreib-Training
	Der Sprache auf der Spur	Grammatik
Lesen	Wörter lesen	Erstlesen
	Sätze und Geschichten lesen	Leseübungen für Fortgeschrittene
	Bücher, Bücher, Bücher	Sach- und Kinderbücher, Zeitschriften
Sachunterricht	Pflanze, Mensch und Tier	Lernbereich Biologie
	Unsere Welt / Technik	weitere Naturwissenschaften und Gesellschaftslehre
	Wahrnehmung und Entspannung	Sinnesmaterial, Motorik, Entspannungsübungen

2. Wo sollen wir nur anfangen?

Orientierung in den Regalen

Jedes Regal hat ein anderes Zeichen in Form eines Aufklebers. Z. B. ist das Regal zum Erfassen von Mengen und Zahlen mit einer Rose versehen. Alle Materialien, die darin stehen, sind auch mit einer Rose gekennzeichnet.

Dies erfüllt mehrere Zwecke: Wenn Kinder mit einem Material gearbeitet haben, wissen sie (besonders Erstklässler) nicht selbstverständlich, wo das benutzte Material hingehört. Durch die Zuordnung zu einem Zeichen fällt ihnen das Einsortieren leicht und macht ihnen zudem auch Freude. Zum anderen helfen die Aufkleber dabei,

das Material, das sich eventuell in einem falschen Regal befindet, wieder richtig einzusortieren. Manchmal leihen sich Kinder anderer Lerngruppen Material aus und es ist dann leicht, dieses auch gruppenübergreifend dem richtigen Klassenraum zuzuordnen. Letztlich ergibt sich noch ein wichtiger Aspekt: Jedem Regal ist eine Schülergruppe zugewiesen, die dieses einmal in der Woche aufräumt. Es erleichtert den Kindern die Zuordnung zum Regal und die Identifizierung mit Ihrer Aufgabe, wenn sie wissen, sie sind z.B. in der „Rosen-Gruppe" (➡ In unserer Klasse: Aufräumen und Ordnung halten, S. 56).

 Zur Erinnerung können Sie den Kindern auch das Symbol ihrer „Aufräumgruppe" auf den Sitzplatz kleben.

 Das Arbeiten mit Material braucht ein für die Kinder eindeutiges Ordnungs- und Orientierungssystem!

Die Stellung und Funktion des Lehrertisches

In einem offenen Unterricht, der von Freiarbeit unterstützt wird, ist ein Lehrertisch sekundär. Er dient der eigenen Ablage und gibt seine zentrale und frontale Funktion auf. Positionieren Sie ihn daher besser gleich irgendwo an der Wand.

Praktische Tipps

Die Leseecke

In fast jeder auch noch so kleinen Klasse lässt sich eine Ecke abzweigen, die als Leseecke umfunktioniert werden kann. Stehen dort Regale? Lassen Sie sich von Ihrem Hausmeister oder einigen Eltern (➡ Alle helfen mit: Eltern, S. 107) hängende Regale anbringen, sodass darunter Platz entsteht. Die noch so kleinste Leseecke lädt alle Kinder gerne ein zum Verweilen, Denken, eigenen Lesen oder gegenseitigen Vorlesen. Außerdem erfüllt sie als Rückzugsmöglichkeit für die Kinder eine wichtige Funktion.

 Geben Sie Rückzugsmöglichkeiten, z.B. mit einer Leseecke.

Teilungsraum und Flur

Bei uns gehört zu jeder Lerngruppe ein Teilungsraum. Uns ist bewusst, dass dies nicht in allen Schule zu realisieren ist. Manchmal ergibt sich jedoch die eine oder andere Umgestaltungsmöglichkeit, z.B. können sich auch mehrere Klassen einen Teilungsraum teilen. Hierbei ist Ihre Organisation einfach nur von entscheidender Bedeutung. Die besondere Bedeutung eines Teilungsraumes liegt nämlich nicht nur darin, Lerngruppen in bestimmten Arbeitsphasen trennen zu können, sondern in der Freiheit und höheren Lernqualität, die sich daraus für die Kinder ergibt.

Wo sollen wir nur anfangen?

Manche Kinder sind, was den Geräuschpegel beim Lernen angeht, sehr sensibel und hören noch in der hintersten Ecke die so genannte „Stecknadel fallen". Ein Teilungsraum oder ein anderer zusätzlich zum Klassenraum nutzbarer Lernraum dient dazu, die Kinder bestmöglich in ihren individuellen Lernprozessen zu unterstützen. Als Rückzugsmöglichkeit erfüllt ein zusätzlicher Lernraum eine wichtige Funktion.

Sollten Sie partout keine räumlichen Möglichkeiten haben, kann Ihnen vielleicht folgender Tipp helfen, der sich bei uns sehr bewährt hat: Wir haben von einer Mutter Stellwände anfertigen lassen. Sie sind aus Holz und bestehen aus drei Seiten. Die linke und rechte sind einklappbar, wie bei einem Kasperletheater. Dadurch wird ein leichteres Verstauen der Stellwände ermöglicht. Kinder, die sich leicht ablenken lassen, nehmen sich diese Trennwände gerne und stellen sie vor sich auf. Das Mandala an der Innenseite der Frontwand unterstützt sie zusätzlich in ihrer Konzentration und schützt sie vor Ablenkung. Es „fängt" den Blick der Kinder ein.

Als einen weiteren wichtigen Tipp sehen wir Folgendes an: Viel zu oft wird wertvoller Lernraum verschenkt, nämlich DER FLUR! Wir haben in der Klasse einen Ständer mit kleinen zusammengerollten Teppichen, ebenfalls Musterstücke aus Teppichfachgeschäften. Die Kinder können viele Aufgaben auf diesen Teppichen im Flur erledigen, was sie wirklich richtig gerne machen; es stellt für sie eine willkommene Abwechslung dar. Hinzu kommt, dass sich die (normale) Unruhe in der Klasse stark reduziert, wenn einige Kinder andere Lernorte nutzen. Das bedeutet: Sie selbst haben mehr Ruhe beim Arbeiten und die gesamte Klassensituation ist deutlich entspannt.

Beziehen Sie zusätzliche Räume, z.B. ein Nebenzimmer, den Flur, die Schülerbibliothek ein. So sichern Sie individuelle Lernmöglichkeiten für einzelne Kinder.

Die Computerecke

Natürlich ist es wichtig, den Kindern in der heutigen Zeit die Möglichkeit des Umgangs mit dem Computer zu sichern. Wer noch keinen in der Klasse einrichten konnte, sollte darüber unbedingt nachdenken. Oft lässt sich so etwas durch wenige Nachfragen bei Eltern oder auch im eigenen Bekanntenkreis realisieren, denn so manch einer hat zu Hause unbenutzte Geräte, die er vielleicht gerne abgeben würde. Fragen Sie nur.

Wir haben vor unserer Klassentür eine Art „Wunsch-Liste" hängen. In der tragen wir ein, wenn wir etwas Bestimmtes für unsere Klasse brauchen, in der Hoffnung, dass uns das eine Familie zur Verfügung stellen kann. So haben wir z.B. auch die Kissen für unsere Leseecke bekommen.

Machen Sie sich bitte bewusst, dass der Computer weit mehr ist als eine elektrische Schreibmaschine. Wollen Sie die Lernprozesse der Kinder bestmöglich und auf vielfältige Weise unterstützen, müssen Sie die Arbeit mit dem Computer in den Unterricht mit einfließen lassen. Wir haben eine spezielle Lernsoftware installiert, die fester Bestandteil des Wochenplans ist und mit der die Kinder sehr gerne arbeiten. Zur Arbeit mit Computern im Unterricht möchten wir an dieser Stelle auf andere Werke des Verlages hinweisen.[12]

Wo sollen wir nur anfangen?

Die Getränkebar

Für einen wachen Geist ist es notwendig, sich stets mit Wasser zu versorgen. Wir haben in der Klasse eine Ecke mit Tassen und verschiedenen Flaschen mit Wasser eingerichtet.

 Bei uns wird das Wasser für unsere Kinder von der Schule zur Verfügung gestellt. Sollte das bei Ihnen nicht möglich sein, könnte von Woche zu Woche vielleicht ein Elternteil einen Kasten Wasser zur Verfügung stellen. Viele Eltern bringen ihre Kinder morgens zur Schule, sodass die Realisierung vielleicht sogar recht unproblematisch wäre.

Wir finden es wichtig, dass die Kinder auch während des Unterrichts Wasser trinken können. Wenn ein Kind Durst hat, fragt es uns, ob es kurz etwas trinken darf. Wir haben damit sehr gute Erfahrungen gemacht. Kein Kind nutzt diese Gelegenheit, um „Faxen" zu machen. Wir vertrauen dem Kind, denn es möchte entweder wirklich etwas trinken, oder es braucht diese kurze Bewegung, um sich danach wieder besser konzentrieren zu können.

Führen Sie das Trinken während der Stunde neu ein, werden die Kinder zu Beginn wahrscheinlich sehr viel trinken und diese neue „Freiheit" stark nutzen. Aber alles Neue wird bald zur Gewohnheit und wir sind sicher, dass sich das schnell auf ein angemessenes Maß einpendeln wird. Geben Sie nicht auf!

Tassen oder Plastikbecher lassen sich heutzutage sehr billig kaufen. Wir haben jedoch eine Mutter an der Schule gefunden, die die Tassen aller Kinder der Schule selbst töpfert. Jedes Kind darf sich ein Motiv aussuchen, das mit seinem Namen auf seine Tasse gemalt wird. Die Kinder lieben ihre Tasse und trinken gerne daraus.

Wie behalten wir den Überblick?

Die Tages- bzw. Wochenpläne sorgen dafür, dass die Kinder kontinuierlich an den Inhalten weiterarbeiten, die im Rahmenplan für den jeweiligen Jahrgang vorgeschrieben sind. Darüber hinaus bieten wir ihnen die Möglichkeit, aus dem Lernangebot im Klassenraum, der so genannten „vorbereiteten Umgebung" (➡ Warum ist das alles nichts Neues? – Maria Montessori, S. 19), Lern- und Arbeitsmaterial auswählen zu können, das ihrem Lernstand und ihren persönlichen Interessen entspricht und das sie weiter fördert.

Um die Wochenpläne und das Freiarbeitsmaterial zusammenstellen zu können, müssen Sie als Lehrer jederzeit über den Lernstand der einzelnen Kinder Bescheid wissen.

Nur wenn Sie als Lehrer jederzeit über den Lernstand Ihrer Kinder informiert sind, können Sie entscheiden, welche Aufgaben der jeweils nächste Tages- oder Wochenplan enthalten soll, welcher Schwierigkeitsgrad angemessen ist, wann neue Inhalte angeboten werden sollten oder ob ein Thema noch weiter geübt werden muss bzw. welche weiteren Materialien den aktuellen Bedürfnissen der Kinder entsprechen.
Es ist in der Tat nicht ganz einfach, den Überblick bei 20 bis 30 Kindern aus drei Jahrgängen mit jeweils sehr unterschiedlicher Leistungsfähigkeit zu behalten. Sie werden in jedem Fall Wege finden müssen, regelmäßig den aktuellen Lernstand der Kinder abzufragen und Ihre Beobachtungen schriftlich festzuhalten.
Selbstverständlich können Sie Ihre persönlichen Notizen in gewohnter Weise weiterführen. Jedoch hat sich in unserer Arbeit gezeigt, dass sich aufgrund der starken Differenzierung innerhalb einer Lerngruppe eine solche Fülle von Informationen anhäuft, dass man zusätzlich auf weitere Hilfsmittel angewiesen ist, um jedem Kind gerecht zu werden.

Anfangs werden Sie vielleicht das Gefühl haben, dass Ihnen zu viele Informationen „durch die Lappen gehen". Lassen Sie sich davon nicht entmutigen. Auch im jahrgangshomogenen Frontalunterricht wäre es eine Illusion davon auszugehen, alles genau kontrollieren zu können.
Bleiben Sie also gelassen und setzen Sie Vertrauen in Ihre Schüler.

Als Anregung und Orientierungspunkt möchten wir Ihnen nun unsere Vorgehensweise darstellen. Wir nutzen fünf grundlegende Instrumente, um den Überblick zu behalten:

Wo sollen wir nur anfangen?

→ Tages- und Wochenpläne
→ Lese-Ausweise und Co.
→ Schülerbeobachtung und Auswertung von Schülerarbeiten
→ schriftliche Tests
→ Pensenbücher

Tages- und Wochenpläne

Die Tages- bzw. Wochenpläne spielen nicht nur während des Unterrichts eine entscheidende Rolle, sondern geben gleichzeitig über den aktuellen Lernstand wie auch über langfristige Lernfortschritte Aufschluss.

Nutzen Sie die Tages- und Wochenpläne, um sich einen Überblick über die Quantität und die Qualität der Arbeit jedes Kindes zu verschaffen.

Die Pläne der Kinder können Ihnen zahlreiche Fragen beantworten.
Einerseits bezüglich der Quantität der Arbeit:
→ Was hat das Kind an einem bestimmten Tag geschafft?
→ Hat das Kind sein festgelegtes Wochenpensum geschafft?
→ War tatsächlich Zeit für zusätzliche selbst gewählte Aufgaben?

Andererseits bezüglich der Qualität der Arbeit:
→ Beendet das Kind angefangene Arbeiten?
→ Welche Aufgaben konnte das Kind selbstständig lösen?
→ Bei welchen Aufgaben benötigte das Kind Ihre Hilfe?
→ Welche Aufgaben konnten nicht gelöst werden?
→ Welche Aufgaben musste das Kind noch einmal überarbeiten?
→ Aus welchen Themengebieten hat das Kind zusätzliche Aufgaben ausgewählt?
→ Welchen Schwierigkeitsgrad hatten die selbst gewählten Aufgaben?

Notieren Sie Besonderheiten direkt auf dem Wochenplan.
Nutzen Sie dazu Abkürzungen und Symbole.

Es hat sich als sehr hilfreich herausgestellt, auf dem Wochenplan kleine Notizen einzufügen. Ideal ist eine separate Spalte auf dem Wochenplan, es lassen sich aber auch gut der Seitenrand oder die Rückseite nutzen. Hier einige Beispiele: War eine Aufgabe für das Kind nicht oder nur sehr schwer zu lösen, sollte es das Thema in der nächsten Woche noch einmal mit geringerem Schwierigkeitsgrad oder anderen Veranschaulichungsmitteln bearbeiten. Machen Sie beispielsweise an den Rand neben der betreffenden Aufgabe einen Pfeil. Dann erinnern Sie sich bei der Erstellung des nächsten Wochenplanes daran, dass das Kind unbedingt weitere Aufgaben zu diesem Thema bearbeiten muss.

Auch Fehltage der Kinder sollten markiert werden, damit berücksichtigt wird, wie viel Zeit das Kind für seine Arbeit tatsächlich hatte. Wir tragen dafür jeweils ein „F" (wie „Fehltag") in das entsprechende Wochentag-Feld in der Fußleiste ein. Entscheiden Sie dann individuell, ob das Kind Aufgaben, die es wegen seiner Abwesenheit nicht geschafft hat, in der nächsten Woche bearbeiten oder – gegebenenfalls in Absprache mit den Eltern – zusätzlich zu Hause nachholen soll.

Aufgaben, die das Kind bereits in die Lehrerablage gelegt hat, aber noch einmal überarbeiten soll, markieren wir ebenfalls am Rand mit dem Kommentar „Berichtige". Dies dient dem Kind als Hinweis, sich diese Arbeit noch einmal vorzunehmen.

Es gibt jedoch Kinder, die diese Überarbeitungshinweise immer wieder übersehen oder bewusst ignorieren. Vereinbaren Sie mit diesen Kindern, dass sie eine Aufgabe, die berichtigt werden soll, am Morgen auf ihrem Arbeitsplatz finden. Diese soll dann immer als allererste erledigt werden.

Alle richtig bearbeiteten Arbeitsblätter und Heftseiten erhalten von uns ein Lachgesicht, außerdem kennzeichnen wir damit vollständig bearbeitete Wochenpläne. Weitere Notizen sollten Sie nach Ihrem persönlichen Bedarf einfügen.

Um das Arbeitspensum eines Kindes zusätzlich über einen längeren Zeitraum nachvollziehen zu können, sollten Sie die abgearbeiteten Wochenpläne einsammeln und abheften.

Legen Sie einen Ordner an, um die Wochenpläne über das gesamte Schuljahr hinweg übersichtlich zu sammeln.

Wir haben für jeden Jahrgang einen separaten Ordner angelegt und in diesen für jedes Kind eine Abteilung durch Trennblätter geschaffen. So haben wir immer alle Unterlagen (Wochenpläne, schriftliche Tests etc.) eines Kindes direkt beisammen und können unkompliziert und schnell Folgendes nachprüfen:

2 Wo sollen wir nur anfangen?

→ Gibt es Aufgaben, die das Kind versucht zu vermeiden?
→ Wie ist der Lernfortschritt bezüglich eines bestimmten Themas (z.B. im Schreiblehrgang)?
→ Gibt es Aufgabenbereiche, die zu kurz kommen, z.B. dadurch dass das Kind bei freiwilligen Aufgaben immer nur Leseaufgaben auswählt?
→ Schafft das Kind insgesamt sein Arbeitspensum?

Diese Informationen helfen Ihnen, die neuen Wochenpläne zu erstellen oder besonderen Förderbedarf eines Kindes rechtzeitig zu entdecken.

Lese-Ausweise und Co.

Ein Teil der Tages- bzw. Wochenpläne besteht bei uns aus längerfristigen Aufgaben, die über mehrere Wochen hinweg Stück für Stück bearbeitet werden (➡ In unserer Klasse: Freiarbeit und Wochenplan, S. 46): z.B. das Lernen aller Reihen zum kleinen 1x1, die Bearbeitung der Lesekartei, die Arbeit mit dem Schreiblehrgang usw. Wir stellten schnell fest, dass es mühsam ist, in den alten Wochenplänen zu wühlen, um herauszufinden, welche 1x1-Reihen oder Karteikarten beispielsweise schon bearbeitet waren. Während der Stunden fehlte dazu die Zeit, außerdem konnten die Kinder oft nicht ohne unsere Hilfe weiterarbeiten. Daher haben wir für alle längerfristigen Aufgaben verschiedene Ausweise und Bogen zum Ankreuzen erstellt, auf denen jeweils eingetragen werden kann, was bearbeitet wurde.

Für Aufgaben, die über einen längeren Zeitraum bearbeitet werden sollen, geben Sie dem Kind einen Ausweis, Ankreuzbogen etc. an die Hand.

Welche Bögen Sie in Ihrer Klasse benötigen, hängt selbstverständlich vom vorhandenen Material ab. Einige Beispiele sollen Ihnen zeigen, wie man es machen könnte:

Das habe ich schon geschafft-Karte:
Diese Karten können für alle thematischen Arbeitskarteien und -hefte genutzt werden. In der Kopfzeile wird der Titel des jeweiligen Materials eingetragen. Darunter gibt es Felder mit den Seitenzahlen. Hat das Kind eine Seite bzw. eine Karteikarte beendet, kreuzt es das entsprechende Kästchen an. Es können aber auch Aufgaben ausgewählt werden, die auf der Karte vermerkt werden und die dann von den Kindern abgehakt werden.

Praktische Tipps

 Druckschrift-Urkunde und Prüfbogen Druckschrift:
Wir arbeiten mit einem Druckschrift-Lehrgang, der aus drei verschiedenen Heften besteht. Daher muss uns das Kind nach jedem der drei Hefte die bisher geübten Buchstaben vorschreiben, um zu sehen, ob es Form und Schreibrichtung einhält. Wir empfehlen auch bei anderen Schreibkursen bzw. Methoden eine Unterteilung. Da es viel mehr Buchstaben als Ziffern gibt, arbeiten die Kinder hier über einen entsprechend längeren Zeitraum. Eine zwischenzeitliche Kontrolle lässt einerseits eventuelle Probleme schneller zum Vorschein kommen, andererseits arbeiten die Kinder motivierter, wenn diese große Aufgabe in kleinere Teilziele unterteilt ist.
Auf dem Prüfbogen wird aufgeschrieben, welche Buchstaben das Kind sicher beherrscht und welche noch geübt werden müssen. Erst wenn alle Druckbuchstaben sicher beherrscht werden, bekommt das Kind seine Druckschrift-Urkunde. Analog verfahren wir beim Schreibschriftkurs.

 Lese-Ausweis und Lese-Urkunde:
In seinen Lese-Ausweis trägt das Kind alle Bücher ein, die es gelesen hat. Sind alle Zeilen gefüllt, erhält es eine Urkunde. Als Abstufung gibt es bei uns Leseprinz und -prinzessin, Lesekönig und -königin und Lesekaiser und -kaiserin je nachdem, ob das Kind seinen 1., 2. oder 3. Lese-Ausweis gefüllt hat.

 Ein Mädchen, das zu Hause sehr viel liest, fragte, ob es auch diese Bücher in seinen Lese-Ausweis eintragen darf. Wir waren begeistert von dieser Idee. Es stellte sich heraus, dass diese Methode gerade auch für Kinder, die ansonsten in ihrer Freizeit nicht so gerne ein Buch zur Hand nehmen, einen großen Anreiz bietet, zu Hause weiter zu üben.

 Schreibschrift-Urkunde und Prüfbogen Schreibschrift:
Beim Schreibschriftlehrgang verfahren wir analog zum Druckschriftlehrgang. Allerdings müssen die Kinder bei der „Prüfung" zusätzlich einige Wörter vorschreiben, um zu zeigen, dass sie auch die Buchstabenverbindungen beherrschen.

Wie behalten wir den Überblick?

Wo sollen wir nur anfangen?

Der 1x1-Führerschein:
Es wird eingetragen, welche Reihe das Kind uns auswendig aufgesagt hat. Dabei gibt es Spalten, in denen angekreuzt werden kann, ob das Kind sie „vorwärts", „rückwärts" oder „durcheinander" aufsagen kann.

Zahlen-Urkunde und Prüfbogen Ziffernschreibkurs:
Wenn ein Kind unseren Ziffernschreibkurs komplett durchgearbeitet hat, lassen wir uns alle Ziffern vorschreiben, um zu sehen, ob es Form und Schreibrichtung einhält. Auf dem Prüfbogen wird angekreuzt, welche Ziffern das Kind sicher beherrscht und welche noch geübt werden müssen. Erst wenn alle richtig sind, bekommt das Kind seine Ziffern-Urkunde.

Alle Ausweise, Bögen und Urkunden dokumentieren nicht nur dem Lehrer den Lernfortschritt, sondern sind auch für die Kinder sehr wichtig. Sie erhalten ebenfalls einen Überblick und können selbstständig an einem langfristigen Thema arbeiten. Außerdem geht von diesen Papieren eine starke Motivation aus, denn die Kinder sehen, was schon geschafft ist und was noch vor ihnen liegt. Sie sind stolz, wenn sie eine lange Aufgabe bewältigt haben. Um das noch zu unterstützen, werden die Urkunden im Morgenkreis ausgeteilt und mit einem kräftigen Applaus gewürdigt. Dies motiviert gleichzeitig wieder die Mitschüler, an ihren eigenen Aufgaben zügig weiter zu arbeiten.

Ausweise und Urkunden
- *dokumentieren den Lernfortschritt,*
- *motivieren die Kinder,*
- *würdigen ihre Arbeit.*

Nachdem ein Erstklässler im Morgenkreis seine Druckschrift-Urkunde erhalten hatte und mit einem herzlichen Applaus bedacht worden war, bat uns eine Zeitklässlerin, die noch immer mit der korrekten Form der Druckbuchstaben kämpfte: „Gibst du was, damit ich zu Hause üben kann? Ich will auch die Druckschrift-Urkunde haben!"

Schülerbeobachtung und Auswertung von Schülerarbeiten

Nehmen Sie sich regelmäßig Zeit, in den Fach- oder Freiarbeitsstunden einzelne Schüler oder kleine Arbeitsgruppen zu beobachten. Auf diese Weise können Sie herausfinden, wie selbstständig die Schüler arbeiten, welche Hilfen und Materialien sie benötigen, ob sie ihre eigenen Aufgaben selbst kontrollieren, bevor sie sie abgeben, wie sie ihren Arbeitsplatz organisieren, wie lange und wie konzentriert sie an einer Aufgabe arbeiten und vieles mehr.
Wir empfehlen Ihnen, sich vor der Beobachtung einen oder mehrere Gesichtspunkte zu überlegen, auf die Sie achten wollen. Eine zielgerichtete Beobachtung ist weitaus intensiver und aufschlussreicher.

Wo sollen wir nur anfangen?

Eine weitere Form der Schülerbeobachtung ist, mit einem Kind gemeinsam eine Aufgabe zu erledigen, sich vorlesen zu lassen oder individuelle Kopfrechenübungen durchzuführen.

Beobachten Sie das Kind bei seiner Arbeit bzw. bearbeiten Sie Aufgaben mit dem Kind zusammen.

Haben Sie das Gefühl, während der Stunden nur von Kind zu Kind zu wandern, um deren aktuelle Fragen zu beantworten? Bleibt Ihnen keine Zeit, sich von sich aus einem bestimmten Kind zu widmen? Stellen Sie wiederholt fest, dass Sie stillere Kinder die ganze Stunde nicht wahrgenommen haben? Dann schaffen Sie sich dafür gezielt Freiräume. Nehmen Sie sich z. B. vor, in jeder Stunde fünf Minuten für ein Kind zu reservieren. Auf diese Weise kommt jedes Kind alle paar Wochen einmal an die Reihe. Um einen Überblick zu bekommen, können Sie auch eine Namensliste mit der Reihenfolge anlegen.

Über diese direkte Beobachtung hinaus geben die von den Kindern bearbeiteten Hefte und Arbeitsblätter Aufschluss über ihren Wissenstand und ihre Fähigkeiten. Sie können erkennen, welche Aufgaben das Kind beherrscht, an welchen Stellen Fehler auftauchen, wie sorgfältig das Kind arbeitet usw. Außerdem wird der Lernzuwachs sichtbar, wenn Sie Aufgaben miteinander vergleichen, die das Kind zu unterschiedlichen Zeitpunkten bearbeitet hat.

Analysieren Sie die bearbeiteten Arbeitsblätter und Hefte der Kinder.

Wie schnell wächst einem aber der Stapel der zu korrigierenden Aufgaben über den Kopf. Verfahren Sie hier einfach ähnlich wie bei der Schülerbeobachtung: Nehmen Sie sich pro Tag die Unterlagen von drei oder vier Schülern genauer vor, die übrigen Sachen sehen Sie nur grob durch. Auch so kommt jedes Kind regelmäßig an die Reihe.

Praktische Tipps

Schriftliche Tests

Herkömmliche, d.h. für alle Kinder gleiche Klassenarbeiten widersprechen unserer Ansicht nach dem individualisierten Lernen. An unserer Schule werden sie von anderen Formen schriftlicher Lernstandsmessung ersetzt. Diese vergleichen weniger die Leistungen der verschiedenen Schüler miteinander, sondern sollen den individuellen Lernstand und – noch wichtiger – den individuellen Lernzuwachs eines Kindes dokumentieren.

Schriftliche Tests sollen den individuellen Lernstand und Lernzuwachs des einzelnen Schülers verdeutlichen.

Es gibt verschiedene Möglichkeiten, dies umzusetzen. Nehmen Sie unsere Vorgehensweise als Anregung für Ihre eigene Form der schriftlichen Leistungsüberprüfung.

Im Bereich Deutsch nutzen wir die Hamburger Schreibprobe[13]. Dieses für den deutschsprachigen Raum standardisierte Testverfahren gibt Aufschluss über den Entwicklungsstand des Schülers bezüglich seiner Schreib- bzw. Rechtschreibstrategien. Es gibt Versionen für alle Jahrgänge. Die Ergebnisse der einzelnen Schüler können in zweifacher Weise interpretiert werden. Erstens kann durch den Vergleich mit Durchschnittswerten ein eventueller Förderbedarf abgeleitet werden. Zweitens können die Ergebnisse eines Schülers seinen individuellen Lernfortschritt dokumentieren, wenn die Schreibprobe jedes (Halb-)Jahr durchgeführt wird.

Darüber hinaus können die Kinder in regelmäßigen Lernwörter-Diktaten zeigen, welche Wörter des mit der Wörterbox (➡ Nichts geht ohne – Material: Woher nehmen, wenn nicht stehlen?, S. 163) geübten Grundwortschatzes sie sicher beherrschen. Die Kinder erhalten von uns die Rückmeldung, wie viele der Wörter sie richtig geschrieben haben. Wir lenken also den Blick auf das, was dass Kind leistet, nicht auf die Fehler. Die richtig geschriebenen Wörter übertragen die Kinder anschließend in ihren „Wortschatz"-Ordner (➡ Nichts geht ohne – Material: Woher nehmen, wenn nicht stehlen?, S. 163). Die übrigen werden weiterhin geübt. Ziel ist es, alle Wörter in den „Wortschatz" zu übernehmen. Dazu kann es sinnvoll sein, von Anfang an die Anzahl der zu übenden Wörter je nach Leistungsstand des einzelnen Kindes zu variieren.

Im Fachunterricht Mathematik wird etwa zweimal pro Halbjahr ein schriftlicher Test zu den bisher bearbeiteten Themen geschrieben. In der Regel gibt es zwei Versionen, die sich in Schwierigkeitsgrad und Umfang unterscheiden. Die Kinder können selbst entscheiden, welche Hilfsmittel sie benutzen möchten. Es ist also

Wie behalten wir den Überblick?

Wo sollen wir nur anfangen?

durchaus legitim, Aufgaben mit Rechenmaterial zu legen. Bei der Interpretation der Ergebnisse wird dies berücksichtigt. Auch diese Tests werden nicht im klassischen Sinne bewertet, sondern genutzt, um festzulegen, wo noch individueller Übungsbedarf besteht.

Nicht jeder Lehrer und jede Schule will und kann auf zensierte Klassenarbeiten verzichten. In diesem Fall sollten Sie in den einzelnen Unterrichtsfächern differenzierte Arbeiten stellen, beispielsweise wie gerade beschrieben. Wichtig – besonders an Regelschulen – ist eine ausführliche Elterninformation zu diesem Thema. Allen Eltern muss klar sein, welchen Schwierigkeitsgrad ihr Kind bei differenzierten Tests bearbeitet hat und wie das Ergebnis zu interpretieren ist. Ansonsten kann es besonders bei der Notengebung leicht zu Missverständnissen kommen.

 Falls Sie auf Klassenarbeiten nicht verzichten wollen oder können, lassen Sie differenzierte Klassenarbeiten schreiben.

Eine weitere Differenzierungsmöglichkeit wäre Folgende:
Die Kinder werden informiert, dass sie zum aktuellen Thema des Fachunterrichts (z. B. schriftliche Addition und Subtraktion im Zahlenraum bis 1000) eine Arbeit schreiben sollen. Es wird eine Vorbereitungszeit eingeplant, in der den Kindern konkretes Übungsmaterial an die Hand gegeben wird. Die Kinder entscheiden selbst, wann sie sich sicher genug fühlen, die Klassenarbeit zu schreiben. Damit dies nicht zu unübersichtlich wird, könnten Sie einige konkrete Termine in den Freiarbeitsstunden anbieten. Es sollte ganz deutlich sein, bis wann die Arbeit spätestens geschrieben worden sein muss.

Pensenbücher

Was aber passiert nun mit all den Informationen, die Sie durch Ihre Beobachtungen, die Analyse der Schülerarbeiten und schriftlichen Tests erhalten haben? Nachdem wir eine Zeit lang ausschließlich individuelle Notierungssysteme (Lerntagebuch, Karteikasten, Notizzettel, etc.) genutzt hatte, stellten wir fest, dass es bei drei verschiedenen Jahrgängen mit jeweils ganz unterschiedlichem Leistungsstand sowohl aus zeitlichen als auch aus Gründen der Übersichtlichkeit kaum zu leisten ist, vollständige Aufzeichnungen zu machen.
Darum haben wir uns entschlossen, auf ein Instrument zurückzugreifen, das aus der Montessori-Pädagogik bekannt ist: das Pensenbuch.

Ein Pensenbuch ist eine Auflistung der Lerninhalte aller Unterrichtsfächer, die für einen festgelegten Zeitraum (z.B. drei Jahre) vorgesehen sind. Es dient der Dokumentation des individuellen Lernstandes.

Das Kollegium unserer Schule hat ein eigenes Pensenbuch entworfen. Es gibt zwei Versionen: Eine für die Jahrgänge 1 bis 3 und eine für die Jahrgänge 4 bis 6, da diese jeweils zusammen unterrichtet werden. Im Pensenbuch 1 bis 3 sind alle Fertigkeiten aufgeführt, die das Kind in seinen ersten drei Schuljahren erlernen kann bzw. soll. Es gibt einen allgemeinen Teil über das „Sozial- und Arbeitsverhalten" und Rubriken für jedes Unterrichtsfach. Es kann angekreuzt werden, was das Kind kann bzw. auf welchem Niveau es bestimmte Aufgaben löst.

Für jedes Kind existiert ein eigenes Exemplar, das es durch die drei Schuljahre begleitet und das kontinuierlich weitergeführt wird. Das Pensenbuch gilt für uns als wichtiges Dokument. Die Eltern haben die Möglichkeit, darin Einblick zu nehmen und sich so zusätzlich über den Lernstand ihrer Kinder zu informieren.

Das Pensenbuch ersetzt, auf Grund seines hohen Informationsgehaltes über den Leistungs- und Entwicklungsstand der Kinder, die Halbjahreszeugnisse. Da wir unsere Schüler stets verbal beurteilen, erspart uns das Pensenbuch an dieser Stelle sehr viel Arbeit. Der folgende Auszug aus dem Bereich der Mathematik soll Ihnen eine genauere Vorstellung eines Pensenbuchs vermitteln.

	unsicher	teilweise sicher	überwiegend sicher	sicher
Arithmetik				
Zahlenbereich bis 10				
kann zählen, ordnen, vergleichen				
kennt die Zahlen, kann sie schreiben				
bestimmt Vorgänger und Nachfolger				
addiert				
subtrahiert				
Material: Nummerische Stangen, Sandpapierziffern, Spindeln, Ziffern u. Chips, Farbige Perlentreppe				
Zahlenbereich bis 20				
kann zählen, ordnen, vergleichen				
liest und schreibt die Zahlen				
bestimmt Vorgänger und Nachfolger				
addiert ohne Zehnerüberschreitung				
subtrahiert ohne Zehnerüberschreitung				
addiert mit Zehnerüberschreitung				
subtrahiert mit Zehnerüberschreitung				
Material: Streifenbrett der Addition/ der Subtraktion				

2. Wo sollen wir nur anfangen?

Der Vorteil der Pensenbücher gegenüber individuellen Notizen ist, dass man keine Stichwörter oder Sätze frei formulieren muss. Sie müssen nur noch bei der entsprechenden Rubrik ein Kreuz setzen. Es ist schnell zu erkennen, auf welchem Niveau das Kind sich gerade befindet und welche Inhalte das Kind bisher noch nicht bearbeitet oder erreicht hat. Wenn Sie Ihre Einträge mit einem Datum versehen, können Sie außerdem auf einen Blick den Lernfortschritt ablesen.

Doch wann wird das Pensenbuch geführt?
Im Prinzip sollte immer der Erwerb einer neuen Fertigkeit eingetragen werden. Doch Arbeitsaufwand und Nutzen müssen in sinnvoller Relation stehen. Daher ist es sicher nicht realistisch, sich vorzunehmen, jede Woche Eintragungen zu machen. Sie müssen also für sich einen Turnus finden, der sich mit Ihrer sonstigen Arbeitsweise vereinbaren lässt.

Diese Vorschläge sollen Ihnen die Entscheidung erleichtern:
- *Bestimmen Sie pro Halbjahr feste Zeitpunkte, z.B. immer vor den Schulferien oder einmal pro Monat.*
- *Tragen Sie nach Abschluss eines bestimmten Themas ein, z.B. „schriftliche Addition", Schreibschriftlehrgang.*
- *Tragen Sie ein, nachdem sie eine Leistungsüberprüfung vorgenommen haben.*
- *Tragen Sie wöchentlich z.B. bei drei Kindern ein, sodass bei einer Klassenstärke von 24, jedes Kind alle acht Wochen an die Reihe kommt.*

Wie Sie sich entscheiden, hängt davon ab, ob sie lieber wöchentlich eine kurze Zeit für diese Aufgabe verwenden möchten oder ob Sie lieber längerfristig planen und in größeren Abständen, dann aber auch eine längere Zeit dafür einsetzen können.

Was können Sie tun, wenn es an Ihrer Schule kein Pensenbuch gibt?
Natürlich könnten Sie zunächst versuchen, Ihre Kollegen vom Nutzen eines Pensenbuchs zu überzeugen und schulübergreifend eines einzuführen. Falls Ihnen dies nicht gelingt, können Sie trotzdem in Ihrer Klasse erste kleine Schritte wagen. Um den Aufwand in Grenzen zu halten, können Sie sich anfangs auf die Lernbereiche Deutsch und Mathematik beschränken. Fertigen Sie eine Liste der verbindlichen Inhalte aus den Rahmenplänen an. Kopieren Sie diese für jedes Kind. Sie können nun individuell in dieser Liste für jedes Kind ankreuzen, wenn es einen Teilaspekt beherrscht. Falls Sie es etwas differenzierter haben möchten, wählen sie verschiedene Symbole für verschiedene Leistungsstände: z.B. ++, +, – und – –.

Zum Abschluss möchten wir noch einen ganz wichtigen Aspekt der regelmäßigen Dokumentation mit Hilfe eines Pensenbuchs besonders hervorheben. Es hat nämlich einen doppelten Nutzen:
Auf der einen Seite erhalten Sie als Lehrer einen Überblick über den Lernstand Ihrer Schüler. Andererseits bekommen Sie eine Rückmeldung über Ihre eigene Arbeit. In den Leistungen der Kinder zeigt sich nämlich auch, ob Sie ihnen zu allen relevanten Inhalten Lernmaterial und Lerngelegenheiten angeboten haben. Bleiben Rubriken im Pensenbuch leer, kann das auch bedeuten, dass Sie selbst dem Kind zu diesem Bereich nicht genug angeboten haben.

Sie erhalten nicht nur einen Überblick über die Arbeit der Kinder, sondern auch eine Rückmeldung über Ihre Auswahl des Lern- und Arbeitsangebots!

Alle helfen mit:

Ein jahrgangsübergreifender Unterricht, wie wir ihn bisher beschrieben haben, kann viel Freude bereiten und vor allem immer wieder verblüffende Lernerfolge zeigen. Er verlangt aber auch ein großes Engagement, um den einzelnen Aufgaben und jedem Kind gerecht zu werden.
Viele werden sich die Frage stellen: „Wie soll man das alles nur schaffen?"
Genau diese Frage ist auch uns immer wieder durch den Kopf gegangen, bis wir eingesehen haben, dass man als Einzelkämpfer nicht die gewünschten Resultate erzielen kann.

Es geht nicht ohne Hilfe.

Doch wer kann mithelfen? Seien Sie dabei fantasievoll und offen für alles. Fordern Sie Hilfe und Mitarbeit ein von Eltern oder Großeltern, Kollegen, Praktikantinnen, Horterziehern, dem Hausmeister, der Sekretärin ... und natürlich den Kindern.
Wie man gemeinsam an einem Strang ziehen kann, möchten wir Ihnen zeigen, indem wir Ihnen unsere Ideen und Erfahrungen bezüglich der Einbeziehung von Kindern, Eltern, Kollegen, Horterziehern und allen anderen Helfern mit auf den Weg geben.

Wo sollen wir nur anfangen?

Kinder

Wir haben die Erfahrung gemacht, dass schon Kinder in den ersten drei Grundschuljahren in der Lage sind, verantwortungsvolle Aufgaben zu übernehmen, um dadurch einerseits die Lehrer zu unterstützen, andererseits das Schulleben aktiv mitzugestalten.

Immer wieder haben Kinder von sich aus ihre Unterstützung angeboten. Diese Beispiele sollten Sie überzeugen:
„Soll ich das machen? Ich weiß, wie der Kopierer funktioniert?"
Das hörten wir immer von einer eifrigen Zweitklässlerin, falls wieder einmal eine Kopie fehlte.
„Darüber kann ich ein Buch mitbringen." Es ist erstaunlich, wie viele Sachbücher dieser vielseitig interessierte Drittklässler zu Hause hat.
„Oh, Frau Herzig, du hast ja eine Schramme am Daumen!
Ich hole dir schnell ein Pflaster!" Und schon war ich verarztet!

Übertragen Sie den Kindern im Schulalltag Verantwortung und wichtige Aufgaben.

Dies kann beispielsweise in folgenden Bereichen sein:
→ Klassenämter
→ Arbeitsmaterial sammeln, herstellen und pflegen
→ Kinder „unterrichten" Kinder
→ Patenschaften für Erstklässler

Klassenämter

Wie wohl in den meisten Klassen gibt es bei uns die traditionellen Klassenämter: Blumen gießen, Tafel wischen, fegen usw. Wir haben das System aus folgendem Grund ausgeweitet: Im Unterrichtsalltag gibt es immer wieder Stolpersteine, die den reibungslosen Ablauf unterbrechen. Oft sind es nur Kleinigkeiten, die an unseren Nerven und Kräften zehren, weil sie stets neu organisiert werden müssen bzw. wir auch manchmal vergessen, sie zu erledigen. Und genau für diese kleinen Dinge haben wir die Kinder engagiert.

Spüren Sie „Stolperfallen" im Unterrichtsalltag auf und übertragen Sie den Kindern genau diese Aufgaben.

Bei uns gibt es Ämter für folgende Bereiche:

Amt	Was ist zu tun?
Aufräum-Musik-Amt	→ am Ende der Wochenplanstunde die „Aufräum-Musik" anschalten
Blumen-Amt	→ täglich kontrollieren, ob die Pflanzen auf der Fensterbank Wasser brauchen und bei Bedarf gießen → bei Bedarf Verblühtes oder welke Blätter auszupfen
Computer-Amt	→ anderen helfen, den PC oder ein bestimmtes Programm zu starten → anderen ein Lernprogramm erklären → am Ende jeder Wochenplanstunde den PC herunterfahren
CD-Amt	→ bei einem Raumwechsel den CD-Spieler und die CD-Tasche mitnehmen → den CD-Spieler bedienen
Fege-Amt	→ täglich nach der letzten Unterrichtsstunde den Klassenraum fegen → bei Bedarf auch zwischendurch (wenn z.B. viele Papierschnipsel beim Basteln angefallen sind)
Flüsterkönig-Amt	→ während der Wochenplanstunde darauf achten, welche Kinder sich am besten an unsere Flüsterregel halten → für diese Kinder in der Flüsterkönig-Liste jeweils eine Krone eintragen und ihre Namen im Morgenkreis vorlesen → einem Kind, das 20 Kronen gesammelt hat, die Flüsterkönig Urkunde ausstellen und überreichen
Geburtstags-Amt	→ die Geburtstage der Kinder im Blick halten → die Geburtstagskiste verwalten
Handtuch-Amt	→ am Freitag die Handtücher zum Waschen mit nach Hause nehmen → neue Handtücher aufhängen
Kalender-Amt	→ täglich den Klassenkalender stellen → täglich das aktuelle Datum an die Tafel schreiben
Klassenbuch-Amt	→ im Morgenkreis die Kinder durchzählen lassen → im Klassenbuch eintragen, wenn ein Kind fehlt
Kopier-Amt	→ fehlende Arbeitsblätter nachkopieren

Alle helfen mit

2 Wo sollen wir nur anfangen?

Amt	Was ist zu tun?
Kirchen-Amt	→ vor und nach unserer wöchentlichen Andacht in der Kirche Liederhefte und Sitzkissen austeilen bzw. wieder einsammeln
Kunst-Amt	→ dem Kind wird erklärt, wo welche Materialen zu finden sind bzw. wohin sie am Ende wieder gehören; alle anderen Kinder fragen nur dieses Kind, nicht mehr den Lehrer
Leseecken-Amt	→ nach jeder Wochenplan-/Freiarbeitsstunde kontrollieren, ob alle Bücher wieder richtig im Regal stehen (mit dem Buchrücken nach vorn) und die Sitzkissen ordentlich liegen → bei Bedarf nachbessern
Material-Amt	→ vor Beginn des Fachunterrichts benötigtes Arbeits- und Demonstrationsmaterial erfragen → benötigtes Material in den Fachraum mitnehmen → Material am Ende der Stunde wieder ins Klassenregal zurückbringen
Papier-Amt	→ die Mal- und Schmierpapierablage und die Briefzettel-Box auffüllen
Rätsel der Woche-Amt	→ nach dem Morgenkreis am Montag das neue „Rätsel der Woche" aufhängen → das Rätsel am Freitag auflösen und jedem Kind mit richtiger Lösung ein Lachgesicht in der Liste malen
Stuhl-Amt	→ vor dem Unterricht alle Stühle von den Tischen holen
Tafel-Amt	→ entweder nach Aufforderung oder am Ende des Vormittages die Tafel feucht wischen
Tassen-Amt	→ am Donnerstag das Tablett mit den Trinkbechern zum Spülen in die Küche bringen
Tisch-wisch-Amt	→ nach dem Frühstück die Tische feucht und trocken abwischen
Triangel-Amt	→ die Triangel (als Zeichen für mehr Ruhe) schlagen, sowohl auf Wunsch der Lehrer als auch der Kinder
Was brauchen wir?-Amt	→ vor Beginn des Fachunterrichts fragen, welches Material jedes Kind mitbringen soll, z.B. Federmäppchen, Rechenheft → die anderen Kinder informieren (die anderen Kinder dürfen nur dieses Kind fragen, nicht mehr den Lehrer)

So viel Verantwortung übernehmen bei uns die Kinder und tragen damit zum Gelingen jedes einzelnen Schultages wesentlich bei.

Die dazu nötigen Voraussetzungen müssen Sie als Lehrer schaffen.

Das Kind braucht eine detaillierte Aufgabenbeschreibung:
- *Was genau soll getan werden?*
- *Welche Arbeitsschritte beinhaltet die Aufgabe?*
- *Wann und wie oft soll es getan werden?*
- *Welche Materialien werden benötigt?*

Seien Sie bei der Verteilung dieser Ämter großzügig zu sich selbst und zu den Kindern. Trauen Sie sich, Verantwortung abzugeben. In der Regel gehen die Kinder sehr verantwortungsvoll mit ihren Ämtern um. Es empfiehlt sich, jeweils zwei Kinder für ein Amt zu beauftragen. So ist – falls einmal ein Kind nicht da ist – trotzdem die Erledigung der Aufgabe gesichert. Auf der anderen Seite ist es eine ideale Möglichkeit, die neuen bzw. die jüngeren Kinder von einem „alten Hasen" in die Aufgaben einzuführen lassen.

Anfangs verteilten wir die Ämter jede Woche neu, weil wir den Anspruch hatten, dass alle Kinder einmal an die Reihe kommen sollten und dass jedes Kind einmal jede Tätigkeit ausgeführt haben sollte. Allerdings ging immer relativ viel Zeit für diese Neuverteilung verloren, andererseits brauchten die Kinder meistens mehrere Tage, bis sie von selbst daran dachten, ihre Aufgabe zu erledigen, und plötzlich war ihre Zeit schon wieder um.
Deshalb behält ein Kind mittlerweile sein Amt über einen längeren Zeitraum. Wir verteilen meist nach den Ferien neu, sodass ein Kind immer mehrere Wochen Zeit hat, eine Routine in seinem „Job" zu entwickeln. Erst seit dieser Regelung haben wir den Eindruck, dass die Kinder wirklich selbstverantwortlich mitarbeiten können.

Geben Sie dem Kind Zeit, sich an seine Aufgabe zu gewöhnen und eine Routine zu entwickeln.

Damit wir bei diesen vielen Ämtern den Überblick behalten, haben wir einen
🍭 Ämterplan erstellt. Für jedes Amt gibt es ein Schildchen mit dem Titel des Amtes. Einige Kinder haben die Aufgabe übernommen, aussagekräftige Bilder dazu zu malen, da ja besonders die Erstklässler im neuen Schuljahr noch nicht lesen können.

Wo sollen wir nur anfangen?

Das Feld für den Namen des Kindes, das das jeweilige Amt ausführt, bleibt leer. Alle einzelnen Schilder haben wir auf buntes Papier geklebt und laminiert. Mit Folienstift kann nun der Name des Kindes eingetragen und jederzeit geändert werden.

Was aber, wenn ein Kind zwar gerne ein Amt übernimmt, jedoch immer wieder vergisst, es auch tatsächlich auszuführen?
Schaffen Sie für dieses Kind eine optische Erinnerungshilfe. Kopieren Sie den 🔖 *Ämterplan. Schneiden Sie das betreffende Amt aus, laminieren es und kleben es auf den Tisch des Kindes. Auf diese Weise wird es täglich an sein Amt erinnert.*

Unterstützen Sie das Kind dabei, sich an sein Amt zu erinnern!

Lernmaterial sammeln, herstellen und pflegen
Für die offene Arbeit mit mehreren Jahrgängen braucht man eine Unmenge an Lern-, Spiel- und Arbeitsmaterial.

Im Kapitel „Nichts geht ohne – Material" werden Sie noch genauere Hinweise finden, wo und wie Sie an geeignetes Material gelangen können.
Da man – meist aus finanziellen Gründen – darauf angewiesen ist, viel Material selbst herzustellen und der Aufwand sogar für zwei zuständige Lehrer häufig nicht zu bewältigen ist, helfen bei uns die Kinder tatkräftig mit.

Kinder können:
- *Dinge von zu Hause mitbringen,*
- *basteln, ausschneiden, zeichnen,*
- *sortieren und auf Vollständigkeit prüfen,*
- *reparieren und ergänzen,*
- *Neues entwerfen*
- *und vieles mehr.*

Von Anfang an ist es bei uns gang und gäbe, dass die Kinder zu unseren aktuellen Unterrichtsthemen etwas von zu Hause mitbringen: z.B. Bücher, passende Gegenstände, Bilder, Lernspiele. Daraus gestalten wir zusammen jeweils eine thematische Ausstellung. Einige Dinge dürfen sogar auf Dauer in unserem Klassenraum verbleiben.
Da meist jedoch einfach mitgebracht wird, was „gerade da ist", entstehen mehr oder weniger Zufallsprodukte.

Praktische Tipps

Was aber ist mit bestimmten Materialien, die Sie gezielt einsetzen möchten und die vorher erst hergestellt werden müssen? Dann sitzt man – wer kennt das nicht – stundenlang da, um Bilder farbig anzumalen, Kärtchen auszuschneiden etc. Den Aufwand nicht zu vergessen, der nötig ist, von Zeit zu Zeit bereits in Gebrauch befindliche Materialien auf Vollständigkeit zu überprüfen und gegebenenfalls fehlende Teile nachzubasteln. Mehr oder weniger durch Zufall ging uns auf, wie gut man die Kinder an dieser Arbeit beteiligen kann.

Wir besitzen für den ersten Jahrgang eine Schubladen-Box mit selbst hergestellten Buchstaben-Puzzles von A bis Z. Bei der Arbeit mit dieser Box fiel zwei Kindern auf, dass bei „ihrem" Buchstaben mehrere Teile fehlten. Als wir dies im Morgenkreis thematisierten, boten sofort einige Kinder ihre Hilfe an. Sie legten in der kommenden Woche alle 26 Puzzles, lasen die dazu gehörenden Wörter und notierten jeweils auf einem Zettel, was fehlte. Ganz selbstverständlich baten sie um die entsprechenden Kopiervorlagen, malten die fehlenden Teile neu an und schnitten sie aus.

Ganz nebenbei war diese Materialherstellung eine hervorragende Lese- und Schreibaufgabe, die aus eigener Motivation entstand. Hätten wir von einem Kind verlangt, so viele Buchstabenpuzzles hintereinander zu lösen, hätte es wahrscheinlich gelangweilt abgewinkt. Wir konnten beobachten, dass die Kinder auf diese Weise das Material und seinen Wert zu schätzen und in Zukunft sorgfältiger zu behandeln lernen.

Seitdem hat jedes Kind, das mit einem Material arbeitet, die Aufgabe zu notieren, welche Teile gegebenenfalls fehlen oder beschädigt sind, und diese – falls möglich – nachzuarbeiten. Und es klappt hervorragend.

Die Materialherstellung durch die Kinder
- *ist eine enorme Arbeitserleichterung für die Lehrer,*
- *fordert eine intensive Beschäftigung mit dem Lerngegenstand,*
- *vermittelt Wertschätzung für das Material.*

Kinder unterrichten Kinder

Jeden Freitag im Morgenkreis (➡ In unserer Klasse: Morgenkreis, S. 58) werden bei uns zwei bis vier Materialen vorgestellt. Häufig suchen wir Lehrer etwas aus,

Wo sollen wir nur anfangen?

das neu ist oder lange nicht genutzt wurde. Zunehmend ergreifen aber auch die Kinder die Initiative. Sie wollen z.B. den anderen eine Sache zeigen, die ihnen besonders gefallen hat, oder bringen etwas mit, das sie selbst ausprobieren wollen, und dazu die Hilfe von Mitschülern suchen.

Für die im Kreis vorgestellten Materialien melden sich dann erfahrungsgemäß jeweils zwei bis drei Kinder, die sie in der folgenden Woche ausprobieren und wiederum am Freitag der Klasse vorstellen.

Es ist erstaunlich, wie intensiv sich die „Tester" mit ihrem Material beschäftigen und wie detailliert und kompetent sie dann dazu Stellung nehmen können.

Zwei Zweitklässlerinnen hatten das Lesespiel „Abenteurer auf der Schatzinsel" ausprobiert. Ihre Beurteilung lautete so: „Es hat viel Spaß gemacht. Es ist ein nicht so leichtes Material, weil nämlich die Schrift so klein ist und viel auf einer Karte draufsteht. Es ist für Zweitklässler und Drittklässler geeignet. Ein Erstklässler kann es machen, wenn ein älteres Kind hilft."

Erstaunlich, nicht wahr?

Die „Materialtester" sind nun gleichzeitig für alle anderen Kinder Ansprechpartner und können Fragen zum Material beantworten bzw. anderen den Umgang damit

erklären oder helfen. So sind wir von dieser Aufgabe entlastet, und die Kinder lernen von Anfang an im Team zu arbeiten und den anderen selbst erarbeitete Dinge vorzustellen.

Allgemein gilt bei uns der Grundsatz, dass wir einem Kind keine Frage beantworten oder nichts erklären, was auch ein anderes Kind übernehmen könnte. Sei es, weil dieses Kind ein konkretes Material schon gut kennt, eine bestimmte Aufgabe bereits bearbeitet hat oder einfach nur ein guter Leser oder Rechtschreiber ist.

Erklären und zeigen Sie dem Kind nichts, was es nicht selbst herausfinden könnte. Zeigen Sie ihm nur:
- *wo es Informationen finden kann,*
- *welche Lernmaterialien ihm helfen können,*
- *welches Kind Bescheid weiß (z.B. gut rechnen oder rechtschreiben kann).*

Auf diese Weise fördern wir gleichzeitig die Eigenständigkeit der Kinder. Ziel ist, dass die Kinder von sich aus mit anderen Kindern zusammenarbeiten und selbst überlegen, wie sie an wichtige Informationen gelangen bzw. wie sie ein Problem lösen können.

Machen Sie die Kinder unabhängig von Ihrer Hilfe und Zuwendung:
- *Stärken Sie die Selbstständigkeit, die Eigenverantwortung und das Selbstwertgefühl der Kinder.*
- *Fördern Sie eine intensive und selbsttätige Auseinandersetzung mit Lerngegenständen und Problemen.*
- *Entlasten Sie sich dadurch selbst.*

Patenschaften für Erstklässler

Ein sehr hilfreiches, wenn auch keinesfalls neues System sind die Schülerpatenschaften.

Bringen Sie Fotos der neuen Erstklässler mit und lassen Sie die älteren Kinder ein Patenkind wählen.

In der ersten Schulwoche, in der die neuen Erstklässler noch nicht bei uns sind (da die Einschulung erst am folgenden Samstag stattfindet), stellen wir sie durch ein Foto vor. Ein oder zwei ältere Kinder übernehmen dann die Patenschaft für einen Erstklässler. Sie können natürlich selbst auswählen, wen sie betreuen möchten. In dieser Woche bastelt jeder Pate ein kleines Willkommensgeschenk für sein Patenkind.

Sind Sie auf der Suche nach einer schönen Idee? Wie wäre es mit dieser? Jeder Erstklässler bekommt von seinem Paten eine Streichholzschachtel, die alle Buchstaben seines Namens als einzelne Kärtchen enthält. Die Schachtel wird von außen mit buntem Papier und dem Bild der Anlauttabelle beklebt, das zum jeweiligen Anfangsbuchstaben des Namens des Kindes gehört. Die Kärtchen bestehen aus schön angemalten Hohlbuchstaben, die wir laminiert haben.

Wo sollen wir nur anfangen?

Am Tag der Einschulung sind in der Regel fast alle Schüler des 2. und 3. Jahrgangs mit dabei. Die Paten nehmen ihr Patenkind beim Einschulungsgottesdienst in Empfang, führen es zur Schule und überreichen ihr Geschenk. Bei unserer ersten kleinen Schulstunde an diesem Tag haben die Erstklässler gleich eine eigene „erfahrene" Bezugsperson und werden schnell integriert. Auch in den ersten Schulwochen sind diese Patenschaften sehr hilfreich, gerade wenn es um alltägliche Fragen und Unsicherheiten geht, wie zum Beispiel „Wo ist das Klo?", „Meine Jacke geht nicht zu!", „In welchem Regal liegt das Malpapier?" und und und. Gleichzeitig sind die Paten sehr stolz auf ihr Amt, denn nun sind sie die „Großen" und kennen sich aus. Auch ihre Selbstständigkeit wird weiter gefördert und sie müssen ein Verantwortungsgefühl entwickeln.

Patenschaften zwischen älteren Kindern und Erstklässlern
- *erleichtern die Eingewöhnung,*
- *fördern die Selbstständigkeit,*
- *entwickeln Verantwortungsbewusstsein.*

Eltern

Bei uns wird Eltern(mit)arbeit „groß geschrieben". Das lag anfangs in erster Linie daran, dass wir an einer Schule arbeiten, die durch eine Elterninitiative gegründet worden ist. Eltern, die ihr Kind an dieser Schule anmelden, müssen sich bereit erklären, regelmäßig aktiv mitzuhelfen. Durch zahlreiche gute Erfahrungen mit diesem System haben wir gelernt, die Mitarbeit der Eltern sehr zu schätzen. Wir sind uns durchaus bewusst, dass es sich bei dieser Situation um einen glücklichen Sonderfall handelt. Doch wenn Sie den Mut aufbringen, die Eltern Ihrer Schüler einzubeziehen, werden Sie bald sehen, was alles zu bewerkstelligen ist.

Übertragen Sie allen Eltern Mitverantwortung für das Schulleben ihres Kindes.

An dieser Stelle werden vielleicht Bedenken aufkommen: Ist eine intensive und enge Einbeziehung der Eltern wirklich für alle Beteiligten nützlich? Oder gibt man auf diese Weise den Eltern nur die Möglichkeit, dem Lehrer einmal genauer auf die Finger zu schauern? Um Sie zu ermutigen, die elterlichen Ressourcen wirklich zu nutzen, erläutern wir Ihnen kurz, welche enormen Vorteile sich dadurch bieten.

Elternmitarbeit nützt
- *Schülern,*
- *Eltern,*
- *Lehrern.*

Sehr viele Dinge wären an „unserer" Schule ohne die stetige Mitarbeit der Eltern gar nicht zu ermöglichen. Zahlreiche notwendige Arbeiten könnten gar nicht oder erst zu einem viel späteren Zeitpunkt erledigt werden. Einen beträchtlichen Teil unserer Ausstattung würde es nicht geben. Verschiedene Aktivitäten und Lernangebote könnten nicht durchgeführt werden.
Wir Lehrer erleben eine enorme Entlastung in verschiedenen Arbeitsbereichen und gleichzeitig eine Bereicherung unserer pädagogischen Tätigkeit durch die Erschließung neuer Ressourcen.
Gleichzeitig erhalten die Eltern auch einen Einblick in die schulische Arbeit, denn sie werden an vielen Stellen direkt in den Unterricht mit einbezogen. Vielen Eltern war das von Anfang an ein Bedürfnis. Denn obwohl sich die Eltern bei der Anmeldung ihres Kindes bewusst für das offene, jahrgangsübergreifende Lernen entschieden haben, gab es auf ihrer Seite viele Unsicherheiten. Wir haben dann den vielfachen Wunsch der Eltern, doch einmal bei uns zuschauen zu dürfen, genutzt und den Eltern konkrete Arbeitsaufträge gegeben.
Dazu mussten wir selbst allerdings auch erst einmal lernen, den Wunsch der Eltern uns im Unterricht zu besuchen, nicht als Kontrolle zu betrachten, sondern als Chance. Man mag einwenden, dass durch solche Besuche der Ablauf gestört oder die Kinder irritiert und abgelenkt werden. Es hat sich aber gezeigt, dass die Kinder es mittlerweile als eine Selbstverständlichkeit annehmen, wenn jemand, seien es Eltern oder aber auch schulexterne Menschen (wie Praktikanten), uns im Unterricht begleitet.

Elternmitarbeit bietet
- *Ihnen als Lehrer eine enorme Arbeitsentlastung und Bereicherung der pädagogischen Arbeit,*
- *den Eltern Einblick in und Verständnis für die schulische Arbeit,*
- *den Kindern zusätzliche Unterstützung.*

Wie lässt sich nun diese Elternmitarbeit konkret organisieren?
Einerseits sollte dies langfristig geschehen: Am ersten Elternabend eines neuen Schuljahres tragen sich die Eltern in eine 👁 Helfer-Liste ein und notieren Möglichkeiten zur individuellen Mitarbeit. Dabei spielen beispielsweise der Beruf,

2 Wo sollen wir nur anfangen?

ein Hobby oder besondere Fähigkeiten eine Rolle: Wer kann handwerken, nähen etc.? Zusätzlich ist von Interesse, wann die jeweiligen Eltern Zeit haben: z.B. vormittags, nachmittags oder ganztägig.

Verschaffen Sie sich am Schuljahresbeginn einen Überblick über die besonderen Fähigkeiten, Berufe und Hobbys der Eltern sowie ihre zeitlichen Möglichkeiten. Legen Sie eine Liste an.

Auch für langfristig planbare Vorhaben wie zum Beispiel 📖 Leseeltern oder 📖 Putzdienst sollten Sie Listen bereithalten, in die sich die Eltern schon jetzt eintragen können. Das erspart Ihnen weitere Aufrufe und organisatorischen Aufwand. Außerdem ist die Bereitschaft zur Mit Hilfe bei direkter Ansprache erfahrungsgemäß größer.

Darüber hinaus benötigen Sie eine Plattform, um aktuelle Anliegen an die Eltern heranzutragen.
Benötigen wir Unterstützung in unserer Lerngruppe, befestigen wir ein Hinweisschild bzw. eine Liste an unserer Pinnwand neben der Klassentür. Geht es um schulübergreifende Aufgaben, hängen diese im Schulfoyer.
Hier ist zu lesen, welche Aufgaben zu welchem Zeitpunkt erledigt werden sollen und wie viele Personen benötigt werden. Da selbstverständlich nicht alle Eltern ihre Kinder zur Schule bringen bzw. von dort abholen, empfiehlt es sich, den Kindern zusätzlich einen Elternbrief mitzugeben. Wir nutzen für solche Angelegenheiten die so genannte „Postmappe", einen gelben DIN-A4-Schnellhefter. Diese Mappe soll von den Eltern täglich auf aktuelle Mitteilungen durchgesehen werden.

Machen Sie Eltern auf aktuellen Bedarf durch einen Aushang oder Elternbriefe aufmerksam.

Und was ist, wenn sich niemand meldet? Das ist ganz bestimmt kein Grund zur Panik! Ziehen Sie Ihre 📖 Helfer-Liste zu Rate. Sicher finden Sie jemanden, der in Frage kommt. Sprechen Sie ihn oder sie noch einmal persönlich an. Das wirkt oftmals Wunder!

Die folgenden Beispiele zeigen Ihnen, in welchen Bereichen man die Eltern einbeziehen kann. Sie werden staunen, wie viele das sind.
Einige Aufgaben sind durch konkreten Bedarf von unserer Seite entstanden, andere wiederum erst durch Ideen der Eltern.

Eltern können
- *Lernmaterial und Klassenausstattung beschaffen und herstellen,*
- *im Unterricht mithelfen,*
- *organisatorische Aufgaben übernehmen.*

Lernmaterial und Klassenausstattung beschaffen und herstellen:

Lernmaterial: Bauanleitungen und Kopiervorlagen für neue Lernmaterialien geben wir gerne an die Eltern weiter. Entweder fragen wir am Elternabend nach oder hängen ein Schild mit unserem Bastelwunsch an unsere Klassenpinnwand. Eine weitere Möglichkeit wäre ein Bastel-Elternabend, an dem alle Anwesenden gemeinsam Material herstellen.

Bei uns können die helfenden Eltern die schulischen Kopierer, Schneidemaschinen, Laminier- und Bindegeräte mitbenutzen. Bastelmaterial, das erst noch gekauft werden muss, wird über die Klassenkasse abgerechnet. Falls an Ihrer Schule eine Benutzung der oben genannten Geräte nicht möglich sein sollte, begleichen Sie die Kosten einfach ebenfalls über die Klassenkasse.

Thematische Ausstellungen: Während eines Schuljahres orientieren sich bei uns alle Unterrichtsfächer möglichst an den Themen des Sachunterrichts. Diese Jahresplanung nebst allen Terminen erhalten die Eltern zu Beginn des Schuljahres. Dadurch ermöglichen wir den Eltern, frühzeitig mit ihrem Kind nach passenden Gegenständen und Büchern zu suchen, die sie zu unserer thematischen Ausstellung beisteuern können.

Sammelsurium: Wenn wir wieder einmal etwas für unseren Klassenraum benötigen, fragen wir zuerst die Eltern, bevor wir etwas kaufen. Oftmals finden sich ungeahnte Schätze in einer verborgenen Ecke zu Hause. Auf diese Weise gelangten wir kostenlos z.B. an folgende Dinge:

einen Teppich und mehrere Kissen für unsere Leseecke, zahlreiche Bücher für die Klassen- und Schulbibliothek, Tabletts für unser Perlen-Rechenmaterial, Blumengießkannen, Küchenwaagen, Messbecher und Maßbänder für unser Mathematik-Regal „Größen", Dosen für Lernmaterial, Videofilme zu Themen des Sachunterrichts, Lernspiele zu aktuellen Unterrichtsthemen, PC und Drucker.

Folgende Dinge kamen durch spezielle Fähigkeiten der Eltern zustande: Die Mutter eines Schülers führt einen Blumenladen. Zu Sonderkonditionen bekommen wir so beispielsweise in der Weihnachtszeit einen Adventskranz für unseren Klassenraum.

Wo sollen wir nur anfangen?

> *Eine nähgabte Mutter verhalf uns zu neuen Vorhängen für unsere Fenster. Außerdem beteiligte sie sich durch die Herstellung von Kostümen und Requisiten an der Theater-AG.*
>
> *Die persönlichen Trinkbecher der Kinder (➡ In unserer Klasse: Klassenraumgestaltung, S. 82) sind ebenfalls von einer Mutter hergestellt worden, die beruflich Tonarbeiten herstellt. Zum Anfang des Schuljahres konnten alle Eltern einen Becher mit dem Namen des Kindes und einem gewünschten Tiermotiv bestellen.*

Im Unterricht mithelfen:

In den Wochenplanstunden haben wir regelmäßig Unterstützung durch einen Elternteil, meistens eine Mutter, seltener und bei den Kindern sehr beliebt, einen Vater, eine Oma oder einen Opa. Und so werden sie eingesetzt:

Lesemutter/-vater: Sie/er nimmt für 10 bis 15 Minuten jeweils ein Kind mit in unsere Schulbibliothek (Flur oder Teilungsraum wären ebenso möglich) und lässt sich vom Kind vorlesen bzw. spricht mit dem Kind über das Gelesene. In der Regel wählt das Kind selbst aus, was es lesen möchte. Auf dem Beobachtungsbogen „Lesen" tragen Lesemutter oder -vater anschließend ein, welche Beobachtungen sie gemacht haben bezüglich der Auswahl des Buches bzw. Lesematerials, der Lesefähigkeit und des Inhaltsverständnisses. Jedes Kind hat seinen eigenen Vordruck in einem speziellen Lese-Ordner.

Die Namen der aktuellen Lesekinder schreiben wir zu Beginn der Wochenplanstunde an die Tafel. Ein Kind das fertig ist, wischt seinen Namen selbst aus und sagt dem nächsten Kind Bescheid. Die Lesemütter und -väter sind bei den Kindern in der Regel sehr beliebt, denn sie genießen die Nähe und die Möglichkeit, einmal jemanden über einen längeren Zeitraum für sich ganz allein zu haben. Es hat sich auch gezeigt, dass die Beobachtungen und Einträge der Eltern sehr genau sind und uns hilfreiche Informationen zur kontinuierlichen Einschätzung des Lernfortschrittes geben.

Rechenmutter/-vater: Analog zum Bereich Lesen gibt es Eltern, die Kopfrechenübungen mit den Kindern durchführen. Eine Liste gibt Auskunft, was die einzelnen Jahrgänge aktuell üben sollen (zum Beispiel: 1. Jahrgang – Plus- und Minusaufgaben bis 20 mit Zehnerüberschreitung). Für einzelne Kinder gibt es bei Bedarf spezielle Aufgaben. Auch hier tragen die Eltern ihre Beobachtungen bezüglich Schnelligkeit, Sicherheit und benötigter Hilfen in den Beobachtungsbogen Kopfrechnen ein.

Betreuung einzelner Kinder: Einige Kinder haben Probleme, ihre Arbeit selbst zu organisieren oder bei der Sache zu bleiben. Oftmals hilft es ihnen, wenn jemand sie eine Zeit lang begleitet, z.B. beim Aufräumen ihrer persönlichen Fächer, bei der Zusammenstellung aller für eine Arbeit nötigen Materialien, bei der Auswahl einer Aufgabe vom Wochenplan oder einfach, um sich nicht ablenken oder von einer anspruchsvollen Aufgabe entmutigen zu lassen. Zu Beginn einer Wochenplanstunde weisen wir dem Elternteil ein Kind zu und klären, was zu tun ist.

Einstieg in den Unterricht: Einige Kinder haben Probleme, am Morgen den Einstieg in ihre Arbeit zu finden oder ihren Arbeitsplatz zu organisieren. Falls die Eltern ihr Kind zur Schule bringen, bitten wir sie, mit in die Klasse zu kommen und es in den ersten Minuten zu unterstützen.

Zweifeln Sie daran, wie Sie alle diese Funktionen abdecken lassen können? Angenommen, Sie haben an drei Tagen pro Wochen Unterstützung. Dann könnten Sie einen festen Tag für die Leseeltern, einen weiteren für das Rechnen und den dritten für die Betreuung einzelner Kinder reservieren. Haben Sie aber nur einmal pro Woche ein Elternteil in der Klasse, sollten Sie überlegen, welcher Bereich Ihnen am wichtigsten ist bzw. welche Kinder am dringendsten Unterstützung benötigen. Vielleicht möchten Sie nur beim Lesen Helfer haben oder Sie wählen drei Kinder aus Ihrer Klasse aus, die abwechselnd in den Genuss der Elternbetreuung kommen.

Wo sollen wir nur anfangen?

Unterstützung im Fachunterricht und bei Projekttagen:
Sicher fallen Ihnen spontan zahlreiche Unterrichtsvorhaben ein, die Sie nicht durchgeführt haben, nur weil sie allein nicht zu bewältigen gewesen waren. Nutzen Sie in Zukunft an diesen Stellen die Elternmit Hilfe. Zwei Beispiele sollen Ihnen zeigen, wie das aussehen kann.
Beim Sachunterrichtsthema „Feuer" sollten von den Kindern verschiedene Experimente durchgeführt werden. Da diese aufgrund der Brandgefahr eine enge Betreuung erforderten und alle Kinder die Möglichkeit zum Ausprobieren bekommen sollten, hat eine Mutter jeweils eine Kleingruppe betreut, während der Lehrer den übrigen Kindern bei der Stationsarbeit zur Seite stand.
Im Kunstunterricht wollten die Kinder ihr Klassentier nähen. Da hierbei besonders die Erstklässler Hilfe brauchten, kam eine Mutter dazu.

Es kommt auch vor, dass Eltern mit ihren Ideen an uns herantreten: Die Mutter einer Drittklässlerin hat eine Praxis für Kinesiologie. Nachdem sie an einem Nachmittag eine Fortbildung zum Thema „Lerngymnastik" für die Kollegen durchgeführt hatte, schlug sie vor, am Vormittag mit den Kindern zu arbeiten. Seitdem kommt sie einmal pro Woche zu Beginn unserer Wochenplanstunde, um mit interessierten Kindern etwa 10 Minuten lang verschiedene Übungen durchzuführen, die die Verschaltung beider Gehirnhälften fördern und das Lernen unterstützen sollen.

Organisatorische Aufgaben übernehmen:
Die Beispiele aus unserer Praxis sollen Ihnen wiederum Anregungen geben, welche Aufgaben Sie ohne Weiteres an Eltern delegieren können.

Ausflüge und außerschulische Lernorte: Aufgrund der Themen-Liste für das gesamte Schuljahr erhalten wir von den Eltern immer wieder Hinweise für Ausflüge oder passende außerschulische Lernorte. Sehr vorteilhaft für die Auswahl ist, dass die Eltern uns Prospekte mitbringen bzw. selbst schon einmal vor Ort waren und berichten können. Außerdem können Terminabsprachen und die Organisation des Hin- und Rückweges bei Bedarf in Elternhände gegeben werden.

Klassenfahrt-Planungsteam: Wir führen jedes Jahr eine mehrtägige Klassenfahrt durch. Da diese thematisch in das laufende Unterrichtsthema eingebunden ist, besteht insgesamt ein recht hoher organisatorischer Aufwand. Daher haben wir nach unserer diesjährigen Fahrt während des Elternabends um die Einrichtung eines Klassenfahrt-Planungsteams gebeten. Dieses Team übernimmt nun viele organisatorische Aufgaben: Angebote einholen, vergleichen und am nächsten Elternabend vorstellen, Buchungen vornehmen, Elterninformationen schreiben und vervielfältigen, Hin- und Rückfahrt organisieren (einen Reisebus buchen bzw. Fahrkarten besorgen), ggf. Material für das Programm einkaufen usw. So können wir uns ganz auf die inhaltliche Planung und Durchführung der Fahrt konzentrieren.

Elternvertreter: Ganz selbstverständlich übernehmen bei uns die Elternvertreter verschiedene Aufgaben. Es gibt drei Vertreter pro Klasse, d.h. für jeden Schülerjahrgang einen. Eine besondere Entlastung stellt für uns die Organisation der Elternabende dar. Die Elternvertreter schreiben die Einladung, geben Sie uns zur Durchsicht bzw. Ergänzung und vervielfältigen sie anschließend. Alle Eltern haben dann die Gelegenheit, weitere Themenvorschläge bei den Vertretern einzureichen. Eine halbe Stunde vor Beginn des Elternabends gehen wir gemeinsam mit den Elternvertretern noch einmal die Tagesordnung durch, rücken Tische und Stühle zurecht und stellen Getränke bereit. Einer der Vertreter übernimmt anschließend die Moderation und Diskussionsleistung, sodass wir Lehrer uns ganz auf unsere inhaltlichen Beiträge konzentrieren können. Am Ende wird gemeinsam aufgeräumt.

Klassenkasse: Für die Klassenkasse ist ein Konto bei einem Geldinstitut eingerichtet. Eine Elternvertreterin ist Kontoinhaberin, wir Lehrer haben ebenfalls eine Kontokarte und eine -vollmacht. Alle Belege werden an diese Mutter weitergeleitet. Zu Beginn des Schuljahres überprüft sie, ob alle Zahlungen eingegangen sind, am Ende macht sie die Abrechnung.

Fotografieren: Es ist immer eine schöne Erinnerung, von verschiedenen Anlässen wie Klassen- und Schulfesten, Projekten oder der Einschulung Fotos in den Händen zu halten. Der Posten des Fotografen wird gerne von versierten Eltern übernommen, ebenso die Entwicklung und Nachbestellung.

Putzdienst: Unsere Klasse ist bestückt mit zahlreichen offenen Materialregalen, die – so liegt es in der Natur der Sache – unglaublich schnell verstauben. Da aber der schulische Reinigungsdienst in der Regel nur für Fußböden und Sanitäranlagen zuständig ist, haben wir einen monatlichen Elternputzdienst ins Leben gerufen. Einmal im Monat treffen sich zwei Eltern, um am Nachmittag etwa zwei Stunden zu putzen, und so ist alles schnell wieder tipptopp. Die persönliche Belastung hält sich in Grenzen, da jeder pro Schuljahr maximal einmal betroffen ist. Am ersten Elternabend im Schuljahr wird die Liste direkt für das ganze Jahr gefüllt. Diejenigen Eltern, die sich für denselben Monat eingetragen haben, besprechen gemeinsam, wann sie sich treffen.

2 Wo sollen wir nur anfangen?

Klassenfeste: Auch hier kann man Eltern bitten, Terminvorschläge zu machen, einen Ort auszuwählen, eine Verpflegungsliste zu erstellen, Geschirr und Sitzgelegenheiten zu organisieren usw.

Auf einem Elternabend wurde der Vorschlag gemacht, zu Beginn des Schuljahres ein Klassenfest zu veranstalten, auf dem Kinder, Lehrer und Eltern die Gelegenheit bekommen sollten, sich besser kennen zu lernen. Die Organisation wurde von Eltern übernommen. Für das Fest stellten Sie ihren Garten und ihre Küche zur Verfügung. Wir Lehrer mussten einfach nur kommen und mitfeiern. Am Ende waren sich alle einig: Das Klassenfest war ein voller Erfolg!

Die bisherigen Anregungen bezogen sich immer auf die elterliche Mitarbeit innerhalb der Klasse. Es gibt selbstverständlich weitere Möglichkeiten auf Schulebene.

Sie sollten Eltern nicht nur innerhalb der Klasse einbeziehen, sondern auch auf Schulebene.

Auch hier sollen Beispiele Ihre eigenen Ideen anregen:
→ Weihnachtsfeier, Sommerfest und Einschulung werden durch Eltern unterstützt, z.B. bei Aufbau, Verpflegung oder Spielangeboten für die Kinder.
→ Schul- und Horträume werden von Eltern in Eigenleistung renoviert.
→ Eltern helfen bei der Schulhofgestaltung durch Ideen und Arbeitskraft.
→ Größere Materialeinkäufe bzw. Transporte werden von Eltern mit entsprechenden Fahrzeugen durchgeführt.
→ Eltern kümmern sich um finanzielle Sponsoren.
→ Angebote im Hortbereich werden von Eltern gemacht (z.B. Holzwerkstatt, Computer-Gruppe)
→ Eltern helfen mit ihrem Fachwissen.

Eine Mutter, die gelernte Bibliothekarin ist, beriet uns bei der Systematisierung unserer Schülerbibliothek.
Eine andere Mutter mit musikalischer Ausbildung organisierte eine Fortbildung für die fachfremd unterrichtenden Kollegen und kümmerte sich um die Bestellung eines Grundbestandes an Orff-Instrumenten.

Diese Auflistung ist beliebig zu erweitern. Signalisieren Sie den Eltern, dass ihre Kinder und die Schule ihre Mitarbeit und ihre Fähigkeiten brauchen. Seien Sie offen für die Vorschläge der Eltern und trauen Sie sich, Aufgaben abzugeben, genau wie Sie es im Bereich der Kinder mit Hilfe auch tun. Und Sie werden sehen, welche ungeahnten Ressourcen sich auftun.

Wir sind uns durchaus darüber im Klaren, dass die hier vorgestellten Möglichkeiten ein sehr großes Engagement zumindest bei einem Teil der Elternschaft voraussetzen. Verzweifeln Sie nicht, wenn sich einmal niemand melden sollte, sondern denken Sie vielmehr an die zahlreichen Gelegenheiten, bei denen Sie wertvolle Hilfe erhalten haben.

In diesem Zusammenhang ist es für uns zwar mittlerweile selbstverständlich, aber zugleich doch so wichtig, dass wir es an dieser Stelle explizit erwähnen möchten:

Bedanken Sie sich bei den Eltern und heben Sie regelmäßig hervor, welche Dinge nur durch ihre Unterstützung möglich geworden sind.

Tun Sie dieses auch „öffentlich" beispielsweise beim Elternabend, während der Weihnachtsfeier oder am Schulfest.

Auf diese Weise werden Sie die Einsatzbereitschaft der helfenden Eltern auch auf lange Sicht bewahren und gleichzeitig bei immer mehr neuen Eltern wecken können.

Kollegen

Die Zusammenarbeit mit den Kollegen ist ein weiterer Grundpfeiler unserer Arbeit. Sie spielt sich grob gesehen auf zwei Ebenen ab:

Nutzen Sie die kollegiale Zusammenarbeit in den Bereichen:
- *Team-Teaching*
- *klassenübergreifende Kooperation*

Team-Teaching
An der Schule, an der wir unterrichten, wird jede Lerngruppe von zwei Klassenlehrern betreut. Während der Wochenplanstunden und einer jahrgangsübergreifenden Deutschstunde wird zu zweit unterrichtet. Die übrigen Fachstunden werden jeweils von einem Lehrer erteilt.

2 Wo sollen wir nur anfangen?

Die offene jahrgangsübergreifende Arbeit wird durch diese Doppelsteckung maßgeblich unterstützt. Wir sind uns durchaus darüber im Klaren, dass diese Idealsituation nicht überall zu realisieren ist. Im Kapitel „Wer mit wem, wie soll das gehen? – Personalfragen" haben wir bereits Hinweise gegeben, wie man diesen Bereich organisieren kann. Vielleicht können wir Sie durch unsere Beschreibungen vom großen Nutzen dieses Systems überzeugen und Sie dazu ermutigen, sich für eine entsprechende Personalsituation an Ihrer Schule einzusetzen.

 Team-Teaching bietet zahlreiche Vorteile für Schüler und Lehrer.

Aber um welche Vorteile handelt es sich konkret?
Alle Aufgaben, die Sie als „Einzelkämpfer" in Ihrem Unterricht und in Ihrer Klasse allein übernehmen müssen, können Sie durch das Team-Teaching auf zwei Schultern verteilen. Ihnen werden sicher in diesem Zusammenhang direkt mehrere Arbeitsbereiche einfallen, wie Unterrichtsvor- und -nachbereitung, Gestaltung des Klassenraumes, Materialbeschaffung und -herstellung, Elterngespräche, Korrekturen der Schülerarbeiten, Erstellen der Zeugnisse und natürlich die direkte Arbeit am Kind. Auch die mit diesen Aufgaben verbundene Verantwortung verteilt sich beim Zwei-Klassenlehrer-Prinzip wiederum auf zwei. Das stärkt Ihnen und Ihrer Arbeit den Rücken, da Sie jemanden an Ihrer Seite haben, der mit Ihnen an einem Strang zieht.

 Beim Team-Teaching können Sie sich Arbeit und Verantwortung teilen.

Konkret könnte eine Arbeitsteilung folgendermaßen aussehen:
Jeder Lehrer ist Hauptverantwortlicher für eine Gruppe bestimmter Kinder. Wir haben unsere Klasse sozusagen quer durch die Jahrgänge geteilt. Das heißt konkret, jeder schreibt nur für die Hälfte der Klasse (jedoch für Kinder aus allen drei Jahrgängen) die Wochenpläne, korrigiert ihre Hefte usw. Während der Unterrichtsstunden sind natürlich beide Lehrer für alle Kinder zuständig, je nach Bedarf.
Ein weiterer Vorteil dieses Systems ist die Möglichkeit, die Verantwortung für einen Schüler an die Kollegin übergeben zu können. Dies kann sinnvoll sein, wenn einer der Lehrer aus irgendeinem Grund keinen richtigen Zugang zu einem Kind findet oder wenn gehäuft Lehrer-Schüler-Konflikte auftreten. Eine solche Situation wäre sowohl für den Erwachsenen als auch für das Kind sehr belastend. Wer erinnert sich nicht an einen Lehrer, von dem man sich in seiner eigenen Schulzeit nicht angenommen fühlte? Wem fällt nicht ein Kind ein, bei dem man trotz großer Bemühungen „auf keinen grünen Zweig" kam?

Darüber hinaus kann es fachliche Gründe für einen Wechsel der Zuständigkeit geben, wenn zum Beispiel einer der beiden Lehrer über detailliertere Fachkenntnisse (beispielsweise bezüglich ADHS oder LRS) verfügt.

Beim Team-Teaching können Sie also ein Kind an den Kollegen übergeben und so für beide Seiten verbesserte (Lehr-/Lern)Chancen bieten.

Ein Junge aus dem zweiten Jahrgang brachte uns beide immer wieder an den Rand der Verzweiflung. Er konnte sich kaum auf seine Aufgaben konzentrieren, geschweige denn auf seinem Platz sitzen bleiben. Ständig musste er dazu angehalten werden, seine Aufgaben zu erledigen. Trotzdem war sein Arbeitsumsatz sehr gering bis gar nicht vorhanden. Daraus entstanden wiederum zahlreiche Konflikte. Diejenige von uns, die ihn in erster Linie betreute, wusste irgendwann nicht weiter. Daher haben wir den Schüler „getauscht". Nach diesem Neuanfang konnte das Kind sich besser auf Anweisungen und Hilfen einlassen. Mittlerweile steht fest, dass es ADHS hat und wird von uns entsprechend betreut und gefördert. Der Wechsel der betreuenden Lehrer hat alle Beteiligten enorm entlastet.

Neben der Zuständigkeit für die Schüler bietet es sich an, den besonderen fachlichen Fähigkeiten entsprechend weitere Bereiche zu verteilen: z.B. für die Mathematik- und für die Deutschmaterialien.

Überlegen Sie gemeinsam, auf welchen Gebieten Ihre persönlichen Stärken liegen. Wo haben Sie die meisten Erfahrungen, wo die breitesten Kenntnisse: Schriftspracherwerb, Rechenschwäche, Ideen für Arbeitsmittel, Organisationstalent? Verteilen Sie daraufhin Zuständigkeiten. Gleichzeitig sind Sie auf diese Weise nicht nur unliebsame Aufgaben oder Bereiche, bei denen Sie sich noch nicht kompetent genug fühlen, los, sondern erweitern gerade durch die Zusammenarbeit mit einer erfahrenen Person Ihre eigenen Kompetenzen, indem Sie sich gegenseitig beraten und sich praktische Hilfestellung geben.

Ein in unseren Augen weit verbreitetes großes Manko des Lehrberufs ist eine gewisse „Betriebsblindheit". Wer immer nur allein in seinem Unterricht, in seiner Klasse vor sich hin arbeitet, erhält herzlich wenig Rückmeldung über die Qualität seiner Tätigkeit. Damit meinen wir sowohl die für alle so wichtige Bestätigung, gute Arbeit zu leisten, als auch die Möglichkeit, konstruktive Kritik zu erfahren. Durch das Team-Teaching können Sie zeitnah erkennen, welche Probleme und welche Lösungsmöglichkeiten es gibt.

Wo sollen wir nur anfangen?

 Durch Team-Teaching können Sie Ihre pädagogischen und fachlichen Kompetenzen erweitern.

Schon allein durch zwei anwesende Lehrer verdoppeln sich die Möglichkeiten zur Differenzierung. Auf diese Weise haben wir für jedes Kind mehr Zeit zur Verfügung und können es uns leisten, auch einmal 15 Minuten nur bei einem bestimmten Schüler zu verweilen, um ihn zu unterstützen, ihm etwas noch einmal ganz in Ruhe zu erklären. Die Kollegin betreut in dieser Zeit den Rest der Klasse und arbeitet die Frage-Liste an der Tafel ab (➡ In unserer Klasse: Freiarbeit und Wochenplan, S. 40). Eine weitere, gerade für die jahrgangsübergreifende Arbeit, unerlässliche Differenzierungsmöglichkeit ist die Arbeit mit Kleingruppen. Beispielsweise gibt es bei uns in der Regel einmal pro Woche jahrgangshomogenes Kopfrechnen: Jeder Jahrgang hat seinen festen Wochentag. Ein Lehrer nimmt die betreffenden Kinder für 10 Minuten in den Teilungsraum, um dort in Form von Rechenspielen oder Kopfrechenübungen die aktuellen Inhalte des jahrgangshomogenen Mathematikunterrichts zu trainieren (➡ In unserer Klasse: Der Fachunterricht, S. 67). Ebenfalls in Kleingruppen werden neue Materialien eingeführt. Hier handelt es sich häufig ebenfalls um Kinder eines bestimmten Jahrgangs, aber auch um offene Gruppierungen, die sich aufgrund des Interesses an einer konkreten Aufgabe bzw. an einem konkreten Material zusammenfinden.

Wenn Sie keinen Teilungsraum haben, nutzen Sie den Flur, die Bibliothek oder einen anderen Raum. Falls auch das nicht möglich ist, weil Sie allein die gesamte Klasse unterrichten, ziehen Sie sich mit den Kindern in eine Ecke im Raum zurück und wählen Sie Übungen, die im Flüsterton durchgeführt werden können.

 Durch Team-Teaching können Sie die Differenzierungsmöglichkeiten innerhalb der Lerngruppe erweitern.

 Falls Sie nicht im Team unterrichten, können Sie beispielsweise durch die Einbeziehung von Eltern einige Differenzierungsmöglichkeiten realisieren (➡ Alle helfen mit: Eltern, S. 108).

Durch die Möglichkeit der beschriebenen Einzel- und Gruppendifferenzierung ergibt sich fast automatisch die Möglichkeit zu einer gezielteren und genaueren Schülerbeobachtung und -einschätzung. Wir können uns zur Feststellung des Leistungsstandes eines einzelnen Kindes z.B. von ihm vorlesen lassen, mit ihm allein Kopfrechenübungen durchführen etc. Diese Phasen sind bei uns besonders wichtig, da wir keine traditionellen Klassenarbeiten schreiben. Unsere Schülereinschätzung beruht ja in erster Linie auf den individuellen Arbeitsergebnissen der Kinder, sei es aus Beobachtungen oder aus ihren schriftlichen Aufgaben. (➡ Wie behalten wir den Überblick: Pensenbücher, S. 92)

Eine weitere Variante ist die Beobachtung einzelner Schüler oder der gesamten Lerngruppe sozusagen von außen. Dann und wann ist es sehr sinnvoll, sich einmal eine Viertelstunde Zeit zu nehmen und das Geschehen in der Klasse als nicht Beteiligter zu verfolgen; besonders Gruppenprozesse und organisatorische Abläufe können interessant sein. Hier erfahren Sie nicht nur etwas über einzelne Schüler und deren Interaktion, sondern auch viel über sich selbst und eventuelle fachliche bzw. organisatorische Schwachpunkte Ihres Unterrichts.

 Während des Team-Teachings können Sie einzelne Schüler genauer beobachten und einschätzen.

 Auch wenn Sie allein unterrichten, können Sie sich kurze Freiräume für eine Beobachtung „von außen" schaffen. Schon wenige Minuten reichen aus. Die Kinder lernen erfahrungsgemäß schnell zu akzeptieren, dass Sie nicht immer sofort zur Verfügung, wenn für sie deutlich ist, dass auch sie bald an die Reihe kommen.

Wo sollen wir nur anfangen?

Wir hoffen, Sie mit unseren Beispielen für die vielfältigen Vorteile des gemeinsamen Unterrichtens begeistern zu können und Sie dazu zu bewegen, erste Schritte in diese Richtung zu wagen. Nutzen Sie das Geschenk des Team-Teachings!

Klassenübergreifende Kooperation

Neben der Zusammenarbeit innerhalb der Klasse ist es sehr sinnvoll – teilweise sogar zwingend notwendig – auch klassenübergreifend zu kooperieren.

 Sehen Sie das Kollegium als ein Team, das gemeinsam an einem Strang zieht.

Im Idealfall beginnen Sie schon vor Schuljahresbeginn. Richten Sie z.B. in der letzten Woche der Sommerferien einen gemeinsamen Konzeptionstagtag ein. Stellen Sie eine gemeinsame Jahresplanung auf, die sowohl Termine (wie Elternsprechtage, Adventsfeier, Projektwoche, Klassenfahrten usw.) als auch die wesentlichen Unterrichtsthemen enthält. Bewährt hat es sich, das Jahr nach den Themen des Sachunterrichts zu strukturieren. Diese wiederum bilden dann den Rahmen für die Inhalte der anderen Fächer, d.h. es wird fächerübergreifend bzw. fächerverbindend unterrichtet.

Sammeln Sie gemeinsam Ideen und Materialien für das Schuljahr.

An dieser Stelle legen Sie am besten direkt für das gesamte Schuljahr Zuständigkeiten fest: Wer bereitet welches Thema vor? Wer organisiert welche Veranstaltung? Bilden Sie dazu Kleingruppen und beziehen Sie – falls vorhanden – den Hort ein.

 *An der Schule, an der wir arbeiten, hat sich folgende Vorgehensweise entwickelt:*
Eine anstehende Unterrichtseinheit wird komplett von einem Kleinteam aus zwei Lehrern und einem Horterzieher vorbereitet, sodass Möglichkeiten für den Nachmittagsbereich integriert werden können. Für die Materialsammlung gibt es in unserem Teamzimmer ein Regal mit großen Schubfächern für jedes der Jahresthemen. Alle Kollegen bringen passendes Material mit und legen es dort ab. Die Vorbereitungsgruppe ermittelt den Bestand und ergänzt ihn gegebenenfalls. Anhand eines ⊗ Planungsrasters für fächerübergreifenden Unterricht mit Rubriken für jeden Lernbereich fertigt das Planungsteam eine Aufstellung der möglichen Inhalte an. Alle benötigten Kopiervorlagen für Arbeitsblätter und weitere Lernmaterialien werden in einem thematischen Ordner gesammelt. Ein bis zwei Wochen vor Beginn eines neuen Themas werden die Ergebnisse dem gesamten Schulteam vorgestellt.

 Schaffen Sie einen für alle Kollegen zugänglichen Ort, um dort Lernmaterial und Kopiervorlagen zu sammeln.

Diese Verfahrensweise bringt zwar mit sich, dass man für „sein" Thema viel Arbeit vor sich hat, jedoch ist man nur einmal pro Jahr an der Reihe und kann bei allen anderen Themen einfach auf die Vorbereitung der Kollegen zurückgreifen.
Sollen aufwändigere Materialien hergestellt werden, wie z.B. Stationen für den Sachunterricht, bietet es sich an arbeitsteilig vorzugehen. Mehrere Kollegen stellen Teile der benötigten Materialien her und die Sammlung kann dann von Klasse zu Klasse weitergereicht werden.

An dieser Stelle kommen bei Ihnen vielleicht Bedenken auf, ob dieses Vorgehen nicht die eigene pädagogische Freiheit zu sehr einschränkt und man gezwungen ist, einen quasi parallel geschalteten Unterricht durchzuführen. Dies ist natürlich

Wo sollen wir nur anfangen?

nicht der Fall! Jeder setzt nur die Vorschläge um, die ihm persönlich zusagen, außerdem kann man jederzeit weitere eigene Ideen ergänzen.

Sehen Sie die gemeinsame Arbeit nicht als Einschränkung, sondern als Bereicherung und Arbeitserleichterung!

Daher möchten wir Ihnen noch eine ganz „unbürokratische" Form der Zusammenarbeit vorstellen. Dazu müssen Sie noch nicht einmal zusätzliche Besprechungszeit investieren.
Falls Sie für ein Fach ein besonderes Material, Ideen oder Arbeitsblätter aufstöbern, fertigen Sie einfach eine Kopie an für die Kollegen, die ebenfalls dieses Fach unterrichten. Legen Sie Ihnen einfach diese Kopien ins Fach. Die Kollegen freuen sich sicher über diese Anregungen und werden beim nächsten Mal vielleicht auch an Sie denken.

Geben Sie Informationen, Vorlagen und Arbeitsmaterialien an Kollegen weiter, die dasselbe Fach unterrichten.

Eine weitere Ebene der Kooperation liegt in der gemeinsamen Unterrichtsevaluation. Da wir immer wieder Stellen bemerken, an denen noch nicht alles reibungslos und nach unseren Vorstellungen verläuft, wir jedoch nicht automatisch feststellen können, wo genau der Haken liegt, haben wir die Möglichkeit eingerichtet, in einer anderen Klasse zu hospitieren. Durch diese gegenseitigen Unterrichtsbesuche und Gespräche über die jeweiligen Beobachtungen kann man wertvolle Tipps für die Unterrichtsorganisation sowie Hilfen bei der Reflexion und Optimierung des eigenen Handelns erhalten.

Nutzen Sie gegenseitige Hospitationen zur Evaluation, Reflexion und Optimierung von Unterricht.

Nicht jedes Kollegium ist natürlich bereit, in dieser ausgeprägten Form zusammen zu arbeiten. Aber sicher lässt sich an jeder Schule der eine oder andere Kollege finden, der die Vorteile der gemeinsamen Planung und Materialsuche schätzt. Und vielleicht gelingt es Ihnen sogar nach und nach mehr Mitstreiter zu finden, denn der Erfolg und die Arbeitserleichterung der Zusammenarbeit werden den anderen nicht verborgen bleiben.

Horterzieher

Der Schule, an der wir unterrichten, ist ein Hort angeschlossen, den zurzeit ein Großteil der Kinder nachmittags besucht. Falls auch an Ihrer Schule eine Nachmittagsbetreuung existiert, können die nachfolgenden Hinweise für Sie von großem Nutzen sein.

Grundlagen für eine Kooperation zwischen Schule und Hort sind
- *flexible Arbeitszeiten,*
- *Zeitfenster für gegenseitige Information und gemeinsame Planung,*
- *übergreifende Arbeitsgruppen.*

Die Arbeitszeiten unserer Horterzieher sind so flexibel, dass bei Bedarf ein Mitwirken im Vormittagsbereich möglich ist. Von Seiten der Lehrer bedarf es zusätzlich der Bereitschaft, die eine oder andere Stunde am Nachmittag zur Verfügung zu stellen. Für eine kontinuierliche Zusammenarbeit muss ein Zeitfenster geschaffen werden, in dem regelmäßig die Möglichkeit besteht, gemeinsame Sitzungen abzuhalten in denen Termine und Aktivitäten besprochen werden. Wir haben uns auf einen 4-wöchigen Rhythmus geeinigt. Wegen des Stundenplanes der Lehrer muss dieser Termin am Nachmittag stattfinden. Die Horterzieher werden freigestellt, indem Eltern für diesen Zeitraum die Betreuung übernehmen. Es gibt dann jeweils eine Besprechungsphase für das „Großteam", das alle Lehrer und Horterzieher umfasst, anschließend ist Zeit zur Arbeit in den „Kleinteams": das sind bei uns die beiden Klassenlehrer und die zwei Horterzieher, die der Lerngruppe zugeordnet sind. Dieses System bedarf einer Bereitschaft von beiden Seiten, weil automatisch zunächst zusätzliche Arbeitsstunden anfallen. Wir genießen aber die gleichzeitige Arbeitserleichterung, durch die auf längere Sicht wiederum Zeit eingespart wird.

Zusätzliche Arbeitsstunden für gemeinsame Besprechungen und Planungen sind sinnvoll investierte Zeit. Sie bieten an anderer Stelle eine spürbare (zeitliche) Arbeitserleichterung.

Welche Aufgaben werden aber nun konkret gemeinsam übernommen?

Gemeinsame Planung und Vorbereitung

An unserer Schule gibt es während der Planungswoche bereits einen gemeinsamen Termin für Schule und Hort, damit Themen und Termine abgeglichen werden können. Für jedes Thema bzw. jede Veranstaltung wird ein Planungsteam

Wo sollen wir nur anfangen?

zusammengestellt, das meistens aus zwei Lehrern und einem Horterzieher besteht. Genaueres können Sie im Abschnitt „Kollegen" nachlesen.

In den Klassen-Kleinteams werden klasseninterne Angelegenheiten besprochen, z.B. die Verabschiedung der Drittklässler, die Einschulung, ein anstehendes Klassenfest, Themen für den Elternabend.

Gemeinsame Durchführung
Auch an dieser Stelle sollen Ihnen einige Beispiele verdeutlichen, in welchen Bereichen gemeinsame Aktivitäten durchgeführt werden können.

Einige Unterrichtsvorhaben lassen sich allein nur schwer oder gar nicht umsetzen. Daher werden wir Lehrer bei Bedarf im Unterricht von einer Horterzieherin unterstützt, z.B. im Kunstunterricht oder bei Experimenten im Sachunterricht.
Darüber hinaus besteht die Möglichkeit, dass das Hortpersonal Ausflüge und Klassenfahrten begleitet. Letzteres ist bei uns mittlerweile eine feste Institution. Die jährliche einwöchige Fahrt wird gemeinsam von den beiden Klassenlehrern und den zugeordneten Horterziehern begleitet. Einige aufwändigere Unterrichtsvorhaben können am Nachmittag fortgeführt werden.

Beim Thema „Feuer" bestand der große Wunsch der Kinder, Vulkanmodelle zu bauen und diese auch „ausbrechen" zu lassen. Dies stellte sich als viel zeitaufwändiger als geplant heraus und so konnten die Kinder ihren Vulkan kurzerhand am Nachmittag weiter bearbeiten. Dazu gab es eine zusätzliche Betreuungszeit in der gemeinsamen Werkstatt durch einen der Klasse zugeordneten Horterzieher.

Es werden aber auch ganztägige Projekte angeboten, bei denen Schul- und Hortzeit integriert werden, z.B. das Adventsbasteln oder die Faschingsfeier. Die zur Verfügung stehenden Arbeitsstunden aller Mitarbeiter werden bei solchen Anlässen flexibel verteilt, d.h. es können je nach Bedarf Horterzieher im Vormittagsbereich und Lehrer im Nachmittagsbereich eingesetzt werden.
Des Weiteren betreuen die Horterzieher die so genannte Arbeitszeit am Nachmittag (➡ In unserer Klasse: Arbeitszeit am Nachmittag, S. 70).
Ein Hortangebot, das für unsere schulische Arbeit sehr wichtig ist, ist die Motorik-Gruppe. Gemeinsam ausgewählte Kinder nehmen einmal pro Woche an dieser Gruppe teil. Es wird mit den speziellen Hengstenberg-Materialien gearbeitet wie z.B. Schaukelbrettern und Balancierstangen. Dabei sollen die Kinder ihre eigenen

Fähigkeiten sowie verschiedene Bewegungsmöglichkeiten erforschen. Dadurch werden auf der einen Seite Koordination und Kondition, auf der anderen Seite das Selbstbewusstsein der Kinder gefördert[14]. Auch die Elternarbeit wird, wenn nötig, gemeinsam durchgeführt, d.h. bei den Klassenelternabenden sind auch die Horterzieher anwesend und es können Fragen, die den Nachmittagsbereich betreffen, besprochen werden. Elterngespräche werden ebenfalls gemeinsam geführt, wenn es um für beide Bereiche wichtige Themen geht. Das hat den Vorteil, dass alle wichtigen Informationen direkt weitergegeben werden können. Auch Vereinbarungen über Vorgehensweisen können direkt gemeinsam getroffen werden und so Hand in Hand gehen.

Eine kleine Geschichte aus unserer Praxis soll noch einmal zeigen, was konkret möglich werden kann.

Die Lerngruppe „Berglöwen" wollte auf Wunsch der Kinder „ihr" Tier, einen Berglöwen, als Kuschelkissen nähen. Das Vorhaben stellte sich als sehr arbeitsintensiv heraus, sodass die notwendigen Arbeitsschritte auf mehrere Schultern verteilt wurden: Stoff einkaufen (Hort), Schnittmuster herstellen (Schule), Stoff für die Kinder zurechtschneiden (Hort/Eltern), Nähen der Berglöwen im Kunstunterricht (Schule, Hort). Auf diese Weise entstanden in recht kurzer Zeit mit einem für alle Beteiligten tragbaren Arbeitsaufwand von den Kindern heiß geliebte Kuscheltiere. Ohne diese Zusammenarbeit wäre das Vorhaben wohl kaum durchführbar gewesen.

Weitere helfende Hände

So mancher wird bereits die Erfahrung gemacht haben, wie wichtig die nichtpädagogischen Mitarbeiter einer Schule sind.

Vergessen Sie nicht das nichtpädagogische Personal:
- *das Sekretariat*
- *den Hausmeister*
- *den Zivildienstleistenden*
- *die „Küchenfee"*
- *Praktikanten*

Wo sollen wir nur anfangen?

*Unsere **Sekretärin** hilft uns beispielsweise in folgenden Bereichen: Sie beaufsichtigt „kränkelnde" oder verletzte Kinder, die sich auf dem Sofa gegenüber dem Sekretariat ausruhen, bis sie von den Eltern abgeholt werden oder bis es ihnen besser geht. Gerne verteilt sie auch Pflaster und Taschentücher. Wird es hektisch, unterstützt sie uns Lehrer z.B. durch Kopieren von Arbeitsblättern oder Ausdrucken der Wochenpläne etc. Ganz selbstverständlich leitet sie Krankmeldungen der Kinder an uns weiter. Außerdem weiß unsere Sekretärin immer, wo man etwas finden kann und hat immer ein offenes Ohr für uns.*

*Unser **Hausmeister** ist jederzeit ansprechbar für kleine Reparaturen, fehlende Nägel in den Wänden, ein neues Regalbrett oder den Transport schwerer Gegenstände.*

*Der **Zivildienstleistende** des Hortes hat zwischendurch immer mal wieder Zeit, kleine Einkäufe zu tätigen oder bei der Materialherstellung zu helfen (kopieren, laminieren etc.). Dafür gibt es eine spezielle Ablage neben dem Kopierer. Wer eine Aufgabe hat, legt seine Vorlage mit entsprechenden Anweisungen und dem gewünschten Termin hinein.*

*Unsere **„Küchenfee"** ist für die Ausgabe des Mittagessens und die Zubereitung einer „Vesper" am Nachmittag zuständig. Darüber hinaus unterstützt sie tatkräftig die jährliche Weihnachtsbäckerei und Fest-Buffets. Ganz selbstverständlich unterstützt sie die Hortmitarbeiter bei der Beaufsichtigung des Mittagessens. Sie begleitete sogar schon eine Klassenfahrt, da durch einen personellen Engpass ein Betreuer fehlte. Weil alle Klassen der Schule gleichzeitig auf Klassenfahrt waren, stand sie zeitlich zur Verfügung.*

Praktikanten *sind bei uns jederzeit willkommen und werden nicht – wie so weit verbreitet – als Belastung oder Störfaktor gesehen, sondern als Hilfe. Wir teilen ihnen direkt bestimmte Kinder und konkrete Aufgaben zu.*

Diese Ideen sollen Sie ermutigen, wirklich alle Mitarbeiter Ihrer Schule einzubeziehen. Wie so oft im Leben, sind es die Kleinigkeiten, die zum Gelingen des großen Ganzen beitragen. Wir haben die Erfahrung gemacht, dass gerade das nicht-pädagogische Personal durch die direkte Einbeziehung eine enorme Aufwertung ihrer Tätigkeit erfährt, sich schnell auch für die Kinder verantwortlich fühlt und bei diesen ein sehr beliebter Ansprechpartner ist.

Nichts geht ohne – Material:

Ein Grundpfeiler des offenen jahrgangsgemischten Unterrichts ist die „vorbereitete Umgebung"[15] mit dem für die Kinder frei zugänglichen Lern- und Arbeitsmaterial.

Die Spreu vom Weizen trennen ...

Bevor wir Ihnen bewährte Materialien ganz konkret vorstellen, möchten wir einen Überblick geben über die Kriterien, die ein gutes Material erfüllen sollte. Dies soll Ihnen als Leitfaden zur Seite stehen, wenn Sie selbst ihre Klasse einrichten oder ihren bisherigen Bestand aufstocken möchten.

Selbstverständlich kann und soll nicht jedes einzelne Material jedes der unten genannten Kriterien gleichzeitig erfüllen. Treffen jedoch mehrere Aspekte zu, spricht dies sicher für die Qualität Ihrer Auswahl.

Damit Sie sich besser orientieren können, nennen wir jeweils zuerst ein Auswahlkriterium in Form der Ihnen bereits bekannten „Glühbirne". Anschließend geben wir Ihnen genauere Informationen sowie ein konkretes Materialbeispiel, um das Ganze mit Leben zu füllen.

 Holen Sie die Lebenswirklichkeit der Kinder in den Klassenraum.

Nach Maria Montessori soll das schulische Arbeitsmaterial „Schlüssel zur Welt"[16] sein, d. h. es soll relevante Teilaspekte der kindlichen Lebenswirklichkeit widerspiegeln. Dies ist allein mit Arbeitsblättern und Schulbüchern nicht zu gewährleisten. Das bedeutet, dass wir als Lehrer reale Gegenstände in die Klasse holen müssen, die für den kindlichen Alltag von Bedeutung sind, um die Schüler daran lernen lassen.

Beispielsweise kann zum mathematischen Thema „Euro und Cent" eine Art Kaufladen eingerichtet werden. Durch das Nachspielen von Einkaufsszenen und das Bezahlen mit Rechengeld lernen die Kinder den Umgang mit verschiedenen Münzen und Scheinen: Sie müssen Geldbeträge wechseln, eventuell passend zahlen, überschlagen, ob ihr Geld ausreicht, und vieles mehr. Außerdem entwickeln sie ein Gefühl dafür, wie viel etwas kostet bzw. wie viel ihr Geld wert ist.

2 Wo sollen wir nur anfangen?

 Bieten Sie Materialien an, mit denen das Kind einen bestimmten Lerninhalt sowohl auf einer konkreten Ebene als auch mit zunehmender Abstraktion bearbeiten kann.

Wie oben beschrieben, wird zunächst möglichst mit realen Gegenständen aus der Umwelt des Kindes gearbeitet. Nach und nach wird abstrahiert, bis das Kind sich vom Material lösen kann, um die Aufgaben im Kopf zu bearbeiten.
Beispielsweise zählt und rechnet das Kind zunächst mit Knöpfen, Perlen, Spielzeugautos und anderen Gegenständen aus seiner Umwelt. Auf der nächsten Abstraktionsstufe werden alle Rechenoperationen durch ein bestimmtes Arbeitsmaterial dargestellt, z.B. durch Steckwürfel oder Rechenstäbchen, je nachdem welches Material Sie in Ihrer Klasse zur Verfügung stellen. Im dritten Schritt soll das Kind die Rechenaufgaben im Kopf, d.h. ohne Material, lösen.
Als weiteres Beispiel dienen folgende Montessori-Materialien, die sehr gut drei Abstraktionsstufen für denselben Lerninhalt widerspiegeln: die Goldenen Perlen, das Markenspiel und der Kleine Rechenrahmen. Das Kind zählt und rechnet zunächst mit den Goldenen Perlen. Es gibt einzelne Perlen, die für die Einer stehen. Ein Draht mit zehn Perlen bildet einen Zehner. Eine Platte mit 10 solcher Stäbchen stellt einen Hunderter dar. Und ein Würfel aus 10 übereinander gestapelten Platten repräsentiert einen Tausender. Bei jedem neuen Stellenwert bleiben alle Perlen sichtbar und „be-greifbar". Auf der nächsten Abstraktionsstufe arbeitet das Kind mit dem Markenspiel: mit Einer-, Zehner-, Hunderter- und Tausenderplättchen. Alle Plättchen sind gleich groß. Die Stellenwerte sind durch ihre unterschiedliche Farbgebung und den Aufdruck (1, 10, 100 oder 1000) auseinander zu halten. Die dritte Stufe der Abstraktion bietet der Kleine Rechenrahmen. Die einzelnen Stellenwerte tragen dieselben Farben wie beim Markenspiel, tragen aber keinen Aufdruck mehr, sondern erhalten ihren Wert durch ihre Position im Rahmen.

 Möglichst viel Material sollte von den Kindern selbst erschlossen werden können.

Auch hiermit fördern Sie einerseits die Selbstständigkeit Ihrer Schüler und entlasten sich andererseits selbst.
Ideal sind Lernmaterialien, deren Handhabung sich das Kind allein aus dem Material selbst erschließen kann. Dies ist beispielsweise bei unserem Deutschlandpuzzle der Fall: Die Einzelteile sollen zu einem Gesamtbild zusammengesetzt werden. Leider ist eine so eindeutige Handhabung nicht oft anzutreffen. Damit die Kinder trotzdem möglichst viele Materialien selbstständig kennen lernen können, legen Sie einfach eine Arbeitsanweisung bei. Diese kann aus einer Zeichnung oder aus

einem Text bestehen. Bei Bedarf können ältere Schüler diesen den Erstklässlern vorlesen. Beim „Plättchen-Rätsel" zur Zehnerzerlegung können Sie versuchen, anhand des Fotos herauszufinden, wie das Spiel funktioniert.

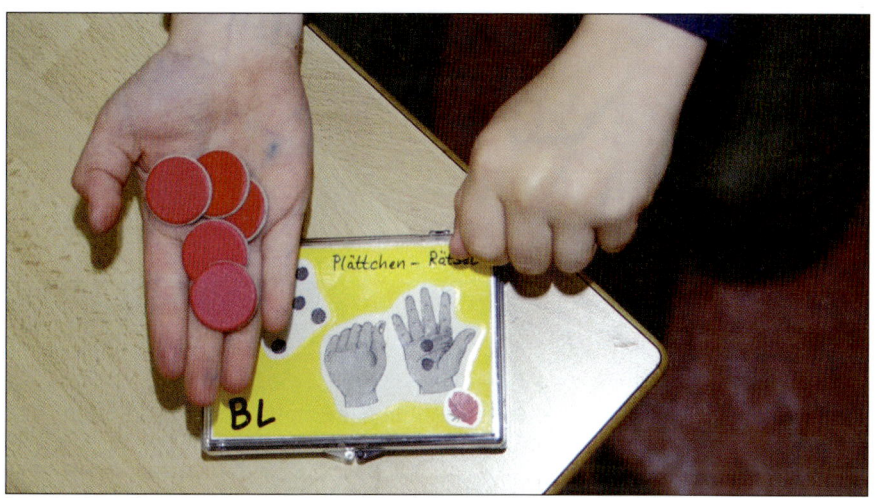

 Ermöglichen Sie dem Kind eine selbstständige Ergebniskontrolle.

Eine Erziehung zur Selbständigkeit beinhaltet, dass wir die Kinder möglichst unabhängig von der Rückmeldung eines Erwachsenen machen. Ganz nebenbei stellt die selbstständige Ergebniskontrolle für Sie als Lehrer eine beträchtliche und sogar notwendige Arbeitserleichterung dar. Da beim offenen Unterricht viele Kinder gleichzeitig an den unterschiedlichsten Materialien arbeiten, könnten Sie es zeitlich gar nicht schaffen, immer selbst Rückmeldung zu geben.
Eine Kontrolle kann sowohl durch andere Kinder durchgeführt werden als auch durch das Kind selbst.
Eine einfache und vielseitig einsetzbare Möglichkeit dazu bieten Lösungsbogen oder –karten, auf denen das Kind die richtigen Antworten nachlesen kann, wie z.B. bei der „Lies-dich-schlau"-Kartei[17]. Dies ist allerdings besonders für jüngere Kinder noch schwierig, da sie dazu eine entsprechende Lesekompetenz benötigen. Außerdem müssen Sie diese Arbeitsform mit den Kindern intensiv und über einen längeren Zeitraum einüben.
Überlegen Sie daher, wie Sie eine Erfolgskontrolle in das Material selbst integrieren können. Eine Idee dazu liefern unsere Lesedosen: Die Kinder sollen zu einer Wortkarte die jeweils passende Abbildung finden. Wenn jedoch das letzte Wort und das letzte Bild nicht zusammenpassen, sieht das Kind automatisch, dass es sich an irgendeiner Stelle vertan hat. Zusätzlich sind alle Wort- und Bildkärtchen auf

Wo sollen wir nur anfangen?

der Rückseite gekennzeichnet (z.B. durch Zahlen oder farbige Klebepunkte), sodass eine Vergleichsmöglichkeit besteht.

Eine weitere sehr einfache Form der „Selbstkontrolle" ist die Partnerarbeit. Die Kinder korrigieren sich automatisch gegenseitig, besonders wenn es um Aufgaben mit Spielcharakter geht.

 Das Material sollte für die Kinder einen hohen Aufforderungscharakter haben.

Das Kind soll gerne mit dem Material arbeiten bzw. das Material soll das Kind ansprechen. Dazu gehören attraktive Farben, Materialien, die man gerne berührt (z.B. Holz), aber auch die Vollständigkeit und die Unversehrtheit des Materials. Ein gutes Händchen bei der Auswahl reicht also nicht aus, das Material muss auch regelmäßig gewartet und gegebenenfalls repariert oder vervollständigt werden. Übertragen Sie diese Aufgaben möglichst den Kindern (➡ Alle helfen mit: Kinder, S. 100).

Als Beispiel für ein Material mit hohem Aufforderungscharakter möchten wir Ihnen unsere Anlautkisten vorstellen. Wir haben zu allen Bildern der Anlauttabelle den passenden Gegenstand gesammelt und analog zur Struktur der Tabelle in Kisten untergebracht. Wenn Sie die Tabelle in Abschnitte aufteilen, können Sie die Kisten mit dem jeweiligen Bild des Abschnitts versehen und die dazu passenden Gegenstände hineinlegen. So können sich die Kinder gut orientieren. Die Gegenstände nutzen wir bei der Einführung der Anlauttabelle, denn reale Gegenstände sind immer motivierender und einprägsamer als Bilder. Später können die Kinder Zuordnungsspiele machen oder die Kisten als Schreibanlass nutzen.

Berücksichtigen Sie persönliche Interessen der Kinder.

Wenn ein Lernmaterial auf die aktuellen bzw. generellen Interessen der Kinder zugeschnitten ist, gelingt es Ihnen leicht, den Kindern auch nicht so beliebte Unterrichtsinhalte schmackhaft zu machen.

Dies konnten wir hautnah mit unserer damals sehr aktuellen Pokemon®-Kartei erfahren. Viele Jungen in unserer Klasse hatten wenig Motivation längere Texte zu verfassen und aufzuschreiben. Wir nutzten das Pokemon®-Fieber als Aufhänger für eine Schreibkartei. Sie besteht aus acht Karten. Jede gibt einen konkreten Schreibauftrag: z.B. „Wie heißt dein Lieblings-Pokemon® und welche besonderen Fähigkeiten hat es?" Ein weiterer Anreiz bot das dazu passende Pokemon®-Heft, in das die Texte geschrieben werden sollten. Es bestand aus mehreren weißen und einem farbigen DIN-A4-Bogen. Diese tackerten wir zu einem DIN-A5-Heft zusammen. Der Clou für die Jungen bestand aus der Vorderseite, auf der die Kopie einer Pokemon®-Karte zu sehen war. Dieses Material veranlasste die insgesamt doch recht schreibfaulen Jungen dazu, seitenlange Texte zu schreiben. Ein unglaublicher Erfolg!

Natürlich lässt sich dieser Lernanreiz auf alle aktuellen Hobbys der Kinder übertragen.

 Berücksichtigen Sie eine einfache Handhabung und eine gute Haltbarkeit.

Achten Sie darauf, dass Kinder mit den Teilen eines Materials problemlos arbeiten können. Vermeiden Sie z.B. scharfe Kanten bei laminierten Aufgabenkarten. Wählen Sie für die Größe des Materials die Größe einer Kinderhand. Dosen und Schachteln sollten leicht zu öffnen und zu schließen sein. Das Material sollte problemlos in die Behälter passen.

Außerdem tun Sie sich selbst einen Gefallen, wenn das Material nicht nur zwei oder drei Wochen überlebt. Benutzen Sie also stabile Schachteln, laminieren Sie Aufgabenkarten, kleben Sie Puzzle-Teile auf Holzplättchen usw.

 Ein Material sollte auf unterschiedlichem Schwierigkeitsniveau bearbeitet werden können.

Dieser Tipp stellt wieder eine enorme Arbeitserleichterung für Sie und Ihre Schüler dar. Ein Material sollte die Möglichkeit bieten, verschieden schwierige Aufgaben bearbeiten zu können. Einerseits müssen Sie dann nicht so viele verschiedene Materialien bereitstellen, andererseits müssen die Kinder nicht die Handhabung zu vieler verschiedener Dinge kennen lernen.

Wo sollen wir nur anfangen?

Besonders leicht ist dies bei mathematischen Materialien umzusetzen, beispielsweise bei den Zahlenmauern. Dieses Rechenformat ist aus vielen Mathematik-Schulbüchern bekannt. Bei uns besteht dieses Material aus einer Kiste mit quaderförmigen Holzklötzen, deren Vorderseite mit Folie bezogen oder lackiert ist. Die Kinder können frei oder in Verbindung mit Aufgabenkarten Zahlenmauern aufbauen und ausrechnen. Bei diesem Material können Sie unterschiedliche Schwierigkeitsgrade anbieten. Die Kinder können zum Beispiel zwischen verschiedenen Zahlbereichen wählen: bis 20, bis 100, bis 1 000 usw. Die Aufgabenkarten enthalten wiederum für jeden Zahlbereich eine Abstufung von leichten zu schwierigen Aufgaben: Zum Beispiel ohne oder mit Zehnerüberschreitung, nur glatte oder gemischte Zehner. Darüber hinaus gibt es Aufgaben, die allein durch Addition lösbar sind, bei anderen muss auch subtrahiert bzw. ergänzt werden. Für Kinder, die gerne knobeln, gibt es Aufgabenkarten, die mehrere Lösungen zulassen.

Das Material sollte verschiedene Anwendungsmöglichkeiten für unterschiedliche Themen bieten.

Der Einstieg in einen neuen Themenbereich wird dem Kind erleichtert, wenn bereits bekannte Materialien genutzt werden können. So kann sich das Kind auf den neuen Inhalt konzentrieren, weil es bereits eingeübte Verfahren verwenden darf. Für Sie als Lehrer bietet sich wieder der Vorteil, dass Sie nicht so viele verschiedene Materialien bereitstellen bzw. erklären müssen.
Es gibt von verschiedenen Herstellern Arbeitshefte mit Geräten zur Selbstkontrolle, zum Beispiel LÜK und Logico [18]. Die Themen der Arbeitshefte decken im Grunde alle Lernbereiche und Jahrgänge ab. Die Kontrollgeräte ermöglichen dem Kind eine schnelle und selbstständige Ergebniskontrolle. Außerdem sind sie wegen ihres Spielcharakters bei den Kindern sehr beliebt.

Berücksichtigen Sie unterschiedliche Lerntypen mit Material, das verschiedene Sinneskanäle anspricht.

Jeder von uns lernt anders. Einer merkt sich Neues am besten, wenn er es oft hört; der andere muss sich darüber mit einem Partner unterhalten; der nächste braucht eine Zeichnung; ein anderer muss alles erst selbst ausprobieren, bevor er es versteht. Besonders jüngere Kinder lernen durch „Be-greifen" von realen Gegenständen. Um diesen verschiedenen Bedürfnissen gerecht zu werden, benötigen Sie Lernmaterial, das die verschiedenen Sinneskanäle anspricht und die Wahrnehmung schult. Hilfreich ist es auch, herauszufinden, welche Lerntypen ihre Schüler sind, um eine gezieltere Auswahl treffen zu können [19].

Bieten Sie zum Beispiel zum Erwerb des Zahlbegriffs unterschiedlichste Aktivitäten an: Sandpapierziffern zum Abtasten der Form, Knete zum Nachformen, ein Glockenspiel zum Nachspielen von Anzahlen, Springseile zum Ablaufen der Form auf dem Boden, Schreibvorlagen zum Nachfahren mit dem Stift, Rechenplättchen zum Abzählen usw. Wenn die Kinder solche Aufgaben auch mit einem Partner bearbeiten dürfen, unterstützen sie automatisch kommunikative Lerntypen.

Jedes Material sollte nur in geringer Anzahl vorhanden sein. Sie brauchen in der Regel keine Klassensätze.

Bei uns ist jedes Material – mit wenigen Ausnahmen – nur einmal vorhanden. Dies fördert in großem Maße das soziale Lernen. Die Kinder lernen, ein Material nur so lange zu benutzen, wie sie es wirklich benötigen. Alle müssen sorgsam mit den Dingen umgehen und sie wieder an ihren richtigen Platz zurückstellen, damit der nächste damit reibungslos arbeiten kann. Die Kinder lernen Geduld, wenn sie auch einmal auf eine Sache warten müssen, gleichzeitig aber auch Kooperationsbereitschaft, wenn sie Vereinbarungen treffen, wer wann an der Reihe ist, bzw. wenn sie gemeinsam arbeiten, um die Wartezeit zu umgehen.
Da durch das individualisierte Lernen die Kinder gleichzeitig an den unterschiedlichsten Themen arbeiten, funktioniert diese Struktur in der Regel reibungslos. Um das zu unterstützen, haben wir für die Benutzung des allseits beliebten Computers mit den Kindern eine einfache Regel vereinbart. Jeder darf ihn pro Tag höchstens 15 Minuten lang benutzen. Wer sich an den Computer setzt, stellt selbstständig unsere Hühnchenuhr, einen Küchenkurzzeitmesser. Wenn er klingelt, ist das nächste Kind an der Reihe.
Falls die Bearbeitung eines Materials an einem Schulvormittag einmal nicht abgeschlossen sein sollte, darf das Kind am nächsten Tag selbstverständlich weiterarbeiten. Es legt dann sein 🐞 Hier arbeitet ...-Schild an den Arbeitsplatz. Für alle anderen Kinder gilt dies als Zeichen, dass das Material nicht berührt werden darf.

Bei der Arbeit mit drei Jahrgängen benötigen Sie eigentlich Material für fünf Jahrgänge.

Wenn Sie jahrgangsübergreifend arbeiten, benötigen sie selbstverständlich Material, das verschiedenen Entwicklungsstufen und Lernständen entspricht. Bedenken Sie dabei auch, dass es Kinder gibt, die noch Material aus dem Vorschulbereich gut gebrauchen können, andere wiederum benötigen bereits weiterführendes Lernmaterial z.B. aus der 4. Klasse.

Wo sollen wir nur anfangen?

Stellen Sie zu den Themen des Fachunterrichts weiterführende Materialien bereit.

Damit Fachunterricht und Wochenplan- bzw. Freiarbeit Hand in Hand gehen können, ist es unbedingt erforderlich, dass Sie aktuelle Lernmaterialien bereitstellen, mit denen die Kinder die jeweiligen Inhalte des Fachunterrichts üben und vertiefen können. Dies kann in Form von Arbeitsblättern geschehen. Motivierender für die Kinder ist allerdings zum Beispiel die Arbeit mit entsprechenden Lernspielen. Es empfiehlt sich auch, den Kindern für eventuelle Tests, Klassenarbeiten oder Diktate ganz gezielte Lernangebote zu machen. Zum Beispiel könnten Sie als Diktatvorbereitung verschieden Übungsformen zur freien Auswahl stellen: Dosendiktat, Laufdiktat, Abschreibtexte usw.

Wie bereits am Anfang dieses Kapitel erwähnt, kann natürlich ein Material nicht alle Kriterien gleichzeitig erfüllen. Sie sollten ein neues Material jedoch auf „Herz und Nieren" prüfen, bevor Sie es einsetzen. Wir haben mehr als einmal erlebt, dass wir mit recht großem Aufwand Material gebastelt haben, das dann letztendlich nicht von den Kindern akzeptiert wurde oder nur einen zu begrenzten Einsatz fand, sodass sich die Mühe nicht gelohnt hat. Manchmal ist weniger eben mehr. Gerade am Anfang sollten Sie darauf achten, nicht wahllos alles anzuhäufen, was zu bekommen ist. Wie so oft geht hier auch Qualität vor Quantität.

Unser Potpourri

Im Folgenden werden wir Ihnen einige konkretere Hinweise für sinnvolle Materialien geben, die Sie in Ihrer Klasse haben sollten.
Damit Sie einen schnellen Überblick erhalten, haben wir unsere Auflistung eingeteilt in die Fächer Mathematik, Deutsch und Sachunterricht. Wünschenswert ist natürlich auch eine Einbeziehung anderer Lernfelder (wie Musik, Englisch und Religion). Anfangs sollten Sie sich jedoch auf die drei Hauptfächer beschränken, gegebenenfalls sogar nur auf den sprachlichen und mathematischen Bereich. So können Sie Schritt für Schritt einen Einstieg in diese Arbeitsform finden.

Für unsere Ideensammlung haben wir die Einteilung übernommen, die unsere Materialregale im Klassenraum haben (➡ In unserer Klasse: Klassenraumgestaltung, S. 77). Alle Materialien, die wir mit * gekennzeichnet haben, sind Montessori-Materialien[20].

Mathematik:

Lernbereich	Material
Die Zahlen kennen lernen	→ Farbige Perlenstäbchen* → Gesellschaftsspiele → Rechenplättchen → Sandpapier-Ziffern* → Schreibrichtungskarten → Zählmaterial → Ziffernkarten zum Nachsticken → Ziffernschreibkurs
Rechnen bis 20	→ Goldenes Perlenmaterial* → Klammerkarten (auch in anderen Zahlenräumen) → Mathematik-Kartei → Plättchen-Rätsel zur Zahlzerlegung → Schütteldosen zur Zahlzerlegung → Spielwürfel → Zahlenmauern
Rechnen bis 100	→ Divisionsbrett* → 1x1-Dominos → Fadenbrett zum kleinen 1x1 → Farbige Perlenstäbchen* → Gesellschaftsspiele → Hunderter-Brett* → Hunderter-Kette* → Kleines Multiplikationsbrett* → Mathematik-Kartei → Pythagoras-Brett* → Rechenrahmen* → Spielwürfel → Steckwürfel → Zahlenmauern → Zaubertafel „Das kleine 1x1"
Rechnen bis 1.000.000	→ Goldenes Perlenmaterial → Große Division → Großes Multiplikationsbrett → Markenspiel → Mathematik-Kartei → Tausender-Kette → Zaubertafel „Das große 1x1"
Formen und Körper	→ Bauklötze → Geobretter → Geometrische Körper → „Schauen und Bauen" → „Schöne Muster"-Kartei → Spiegel-Kartei → Steckwürfel → Tangram

Wo sollen wir nur anfangen?

Lernbereich	Material
Messen, wiegen, die Uhr lesen	→ Längen: • Arbeitskartei oder -heft • Maßbänder → Geld: • Arbeitskartei oder -heft • Kaufladen-Zubehör • Rechengeld → Zeit: • Arbeitskartei oder -heft • Kalender und Uhren → Gewicht: • Arbeitskartei oder -heft • Waagen → Rauminhalt: • Arbeitskartei oder -heft • Messbecher

Deutsch:

Lernbereich	Material
Die Buchstaben lernen	→ Anlautspiele → Anlauttabellen → Buchstaben-Karten zum Nachsticken → Buchstaben-Memory® → Buchstaben-Puzzle → Sandpapier-Buchstaben → Schreiblehrgang → Schreibrichtungskarten
Wörter schreiben	→ Stempelkasten → Wort-Bild-Schablonen → „Wörter in der Streichholzschachtel"
Geschichten schreiben	→ Bildergeschichten-Kartei → „Erste Hilfe"-Karten → Erzählbilder → Erzählkisten → Erzählwürfel → Geschichtenbuch → Nacherzählgeschichten → Reim-Wörterbuch → Tier- und Pflanzen-Kartei → Weitererzählgeschichten
Wörter lesen	→ lautgetreue Lesedosen → Lese-Pfeile → Lese-Spiele → Phonogramm-Dosen → thematische Lesedosen

Lernbereich	Material
Sätze und Geschichten lesen	→ Bücher → Gedichte- und Zungenbrecherkartei → Lese-Mal-Blätter bzw. -Geschichten → Lese-Überraschung → „Lies dich schlau"-Kartei → Quiz-Fächer → Zeitschriften
Richtig schreiben	→ Abschreib-Tasche → Diktat-Dosen → Fehler-weg-Trainer → Kreuzworträtsel-Ordner → Rechtschreib-Kartei → Scrabble → Wörterbox und Wortschatz-Ordner → Wörterbücher → Wörterbuch-Werkstatt
Der Sprache auf der Spur	→ Bandwurmsätze → Silbenspiele → Sterntabelle* → Witze-Kartei → Wortarten-Symbole (Schablone)* → Wortarten-Trainer → „Wortfix"-Spiel

Sachunterricht:

Lernbereich	Material
Pflanze, Mensch und Tier	→ Becherlupen und Arbeitskarte → „gezinktes" Natur-Memory® → Quiz-Fächer → „Wald-Geräusche-Spiel"
Unsere Welt/Technik	→ Experimente-Kartei → Geografie-Puzzle → Globus → Kinderatlas → Quiz-Fächer
Wahrnehmung und Entspannung	→ „Erbsen-Transport" → Fühl-Memory® → Hör-Memory® → Mandalas → Massage-Igel → „Schrauben und Muttern"

Wo sollen wir nur anfangen?

Verschiedenes:

Als aktuelle Ergänzungen – besonders in den Bereichen Sprache und Sachunterricht – bieten sich thematische Werkstätten an. Die benötigten Materialien dazu können Sie selbst zusammenstellen. Es gibt aber auch direkt einsetzbare Werkstätten zu den meisten Sachunterrichtsthemen [21].

Darüber hinaus sind folgende Dinge fächer- bzw. themenübergreifend sehr nützlich:
→ Arbeitsteppiche
→ Knete und Unterlagen
→ Arbeitshefte mit Selbstkontroll-Geräten (z.B. LÜK oder Logico)
→ PC mit Lernprogrammen
→ Kassettenrecorder
→ Lernspiele

So weit, so gut: Doch ...

Woher nehmen, wenn nicht stehlen?

Alle Materialien, die wir Ihnen im vorhergehenden Abschnitt empfohlen haben, finden Sie hier noch einmal in alphabetischer Reihenfolge.
Zu jedem dieser Materialien bieten wir Ihnen genauere Erläuterungen, zum Beispiel:
→ Wie kann ich das Material einsetzen?
→ Wo kann man das Material bekommen?
→ Gibt es Alternativen zu Materialien von Lernmittelverlagen?
→ Wie kann ich Material selbst herstellen?
→ Wie kann ich Alltagsmaterialien zu Lernmaterial umfunktionieren?

Falls wir auf der CD-ROM entsprechende Kopiervorlagen für Sie vorbereitet haben, ist das betreffende Material mit ⊚ gekennzeichnet.

Abschreib-Tasche

Mit Abschreibübungen können Sie das Rechtschreibgespür der Kinder fördern. Ein Lernerfolg stellt sich allerdings nur ein, wenn verhindert wird, dass die Vorlage nur Buchstabe für Buchstabe „abgemalt" wird. Muss das Kind sich jedoch ein ganzes

Wort oder sogar mehrere merken, ist es gezwungen auf Besonderheiten zu achten und sie sich einzuprägen. Außerdem sollte das Kind anschließend seinen Text mit der Vorlage vergleichen und Unterschiede selbst entdecken.

Um das reine Kopieren zu verhindern, haben wir in Anlehnung an die Idee von Sommer-Stumpenhorst[22] Abschreib-Taschen gebastelt. Sie bestehen aus einem Schnellhefter aus Pappe. Auf die Rückseite haben wir eine Klarsichthülle geklebt. In diese kann der abzuschreibende Text eingelegt werden. Im Innern des Ordners befinden sich Linienblätter, auf die das Kind schreiben soll. Um den Text auf der Rückseite abschreiben zu können, muss das Kind also immer umblättern. Da dies relativ langwierig und umständlich ist, versuchen die Kinder in der Regel, sich immer längere Abschnitte zu merken.

Es empfiehlt sich eine Sammlung von Abschreibtexten mit verschiedener Länge und Schwierigkeit bereitzustellen, aus denen die Kinder selbst auswählen können.

Anlautspiele
Damit die Kinder die Buchstaben und ihren jeweiligen Lautwert verinnerlichen, brauchen sie vielfältiges Übungsmaterial. Es bieten sich verschiedene Anlautspiele an, die Sie mit einfachen Mitteln selbst herstellen können.[23] Einige Beispiele sollen Ihre eigene Kreativität wecken:
Bei einem Anlaut-Domino befindet sich auf der einen Seite des Dominosteines ein Buchstabe, auf der anderen Seite ein Bild, das mit demselben Anlaut beginnt. Wenn Sie ein solches Domino selbst herstellen, bietet sich auch eine Version mit den Bildern der Anlauttabelle an.
Anschließend ist ein Anlaut-Memory® schnell gebastelt. Zerschneiden Sie einen Satz der Dominosteine. Die Kinder müssen nun beim Aufdecken der Karten jeweils ein Pärchen aus Buchstaben und Bild finden. Sie können aber auch ein herkömmliches Memory®-Spiel umarbeiten. Überkleben Sie jeweils das zweite Bild mit dem Buchstaben des Anlautes.

Anlauttabellen
Im offenen Unterricht benötigen Sie für den Schriftspracherwerb eine Anlauttabelle und einen „offenen" Schreiblehrgang. Es existieren direkt einsetzbare Gesamtwerke mit vielfältigen Zusatzangeboten, z.B. das Konfetti-Paket[24]. Sie können aber selbstverständlich auch selbst kreativ werden und sich Material frei zusammenstellen. Auch dazu finden Sie vielseitige Anregungen und Vorlagen[25].
Anlauttabellen in zwanzig Fremdsprachen befinden sich als Downloads auf der Internetseite des Verlages an der Ruhr: www.verlagruhr.de.

Wo sollen wir nur anfangen?

Arbeitskarteien und -hefte zu den Größen

Zusätzlich zu den jeweiligen Seiten im Mathematikbuch und -arbeitsheft haben wir zu jedem Größenbereich weitere Arbeitsmittel bereitgestellt. Damit die Kinder die verschiedenen Messgerätschaften effektiv nutzen können, benötigen sie Anleitungen. Wir haben sowohl mit Arbeitskarteien als auch mit thematischen Arbeitsheften gute Erfahrungen gemacht. Viele Kinder ziehen die zweite Variante vor, weil sie dann für sich selbst ein abgeschlossenes Heft haben, was für sie eine große Motivation zum kontinuierlichen Arbeiten darstellt. Entsprechende Materialien können Sie kaufen[26], aber natürlich auch selbst zusammenstellen.

Arbeitsteppiche

Viele unserer Lernmaterialien bestehen aus zahlreichen Einzelteilen, die ausgelegt und zugeordnet werden müssen. Da laminierte Karten oder unser Perlenmaterial sich gerne einmal selbstständig machen und verrutschen bzw. wegrollen, haben sich Arbeitsteppiche zum Unterlegen bewährt. Ideal ist es, wenn Sie zwei unterschiedliche Größen bereitstellen: eine kleinere für die Schülertische und eine größere für den Fußboden. Denn einige Kinder benötigen eine recht große Arbeitsfläche. Außerdem ist ein Platzwechsel bei vielen Kindern sehr beliebt. Die Luxusvariante dieser Arbeitsteppiche aus dem Montessori-Material-Bestand sind sicherlich gekaufte Exemplare, die gleich mit dem passenden Ständer geliefert werden[20]. Für das Arbeiten auf den Tischen haben wir preisgünstige Fußmatten gekauft. Es lohnt sich auch auf jeden Fall in Baumärkten, Einrichtungshäusern oder Teppichfachgeschäften nachzufragen. Dort kann man oft günstige Reststücke oder bei einem Kollektionswechsel sogar die alten Muster kostenlos bekommen.

Bandwurmsätze

Zu den Satzschlusszeichen haben wir uns folgendes einfallen lassen: Es gibt eine Schachtel mit verschiedenen Bandwurmsätzen auf Papierstreifen. Sie bestehen jeweils aus mehreren kurzen Sätzen, die jedoch nicht durch Satzzeichen getrennt sind. Zusätzlich gibt es Kärtchen mit den Satzschlusszeichen Punkt, Ausrufezeichen und Fragezeichen. Die Papierstreifen sind nummeriert, damit die Kinder einen Überblick haben, welchen Satz sie schon bearbeitet haben. Das Kind wählt also einen Streifen aus, liest den Text und versucht herauszufinden, wo ein Satz endet und der nächste anfängt. An dieser Stelle zerschneidet das Kind den Papierstreifen und legt die richtigen Satzzeichen dazu. Mit Hilfe eines Lösungsblattes kann es anschließend seine Arbeit selbst kontrollieren. Ist alles richtig, schreibt oder klebt es den Satz inklusive Zeichen in sein Schreibheft.

Bauklötze

Dieses Spielzeug eignet sich gut für den ersten Zugang zum mathematischen Thema „Körper", indem die Kinder zunächst frei bauen und dabei erste Einsichten erlangen, z.B. bezüglich gleicher Grundflächen verschiedener Körper. Analog zu der Arbeit mit dem Montessori-Material „Geometrische Körper" können sich die Kinder darüber hinaus weitere mathematische Aspekte aneignen: Namen der Körper, die Anzahl der Ecken, Kanten und Flächen, die Namen der Begrenzungsflächen, Mantelnetze usw. Eine Arbeitskartei können Sie sich ebenfalls in Anlehnung an das Montessori-Material erstellen. Weitere Anregungen finden Sie auch – neben vielen weiteren nützlichen Materialien und Ideen zu verschiedenen Themen – im Internet[27].
Fragen Sie doch einfach die Kinder bzw. Eltern, ob sie die Bauklötze aus dem Kinderzimmer entbehren können.

Becherlupen und Arbeitskartei[28]

Sie eigenen sich hervorragend zur Beobachtung von Kleintieren, Pflanzenteilen und anderen Fundstücken. Unsere Schüler bringen immer wieder interessante Dinge mit. Regen Sie doch an, ihre Mitbringsel mit der Lupe ganz genau zu untersuchen und nutzen sie dies als Zeichen- und Schreibanlass. Besonders Jungen sind eher durch Sachthemen zum Schreiben zu motivieren.
Wenn Sie die Becherlupen gezielter einsetzen möchten, empfiehlt sich eine Kartei mit konkreten Arbeitsanweisungen zu bestimmten Tieren und Pflanzen.

Bildergeschichten-Kartei

Als Schreibanlass haben wir eine Kartei mit verschiedenen Bildergeschichten zusammengestellt. Wir haben die Bildergeschichten laminiert, in ihre Einzelbilder zerschnitten und die Bilder einer Geschichte jeweils in einem Briefumschlag aufbewahrt.
Damit nichts durcheinander gerät, erhielten alle Bilder, die zusammengehören, denselben farbigen Klebepunkt auf der Rückseite. Außerdem haben wir sie in der richtigen Reihenfolge durchnummeriert.
Die Aufgabe der Kinder besteht nun darin, die Abfolge der Bilder zu rekonstruieren, eine passende Geschichte dazu zu dichten und diese ins Geschichtenbuch zu schreiben. Wer möchte, bekommt eine Kopie der Bilder zum Einkleben.
Bildergeschichten finden Sie in Kinderzeitschriften, die es teilweise sogar kostenlos gibt (z.B. in der Apotheke oder bei Geldinstituten), aber auch in speziellen Büchern. Sehr bekannt und ebenso beliebt sind die Geschichten von „Vater und Sohn"[29].

Wo sollen wir nur anfangen?

Bücher

Bücher sollten in keinem Klassenraum fehlen, auch wenn Sie über den Luxus einer Schulbibliothek verfügen. Versuchen Sie, ein möglichst breites Spektrum abzudecken: Geschichtenbücher, Kinderromane, Sachbücher, Lexika, Erstlesebücher usw. Gerade für Leseanfänger ist es unglaublich motivierend, selbstständig ein ganzes Buch lesen zu können. Neben den Erstlesereihen der Kinderbuchverlage gibt es spezielle Buch-Pakete, die auch Exemplare mit nur einem Wort pro Seite enthalten und auf diese Weise den Kindern ganz schnell zu Erfolgserlebnissen verhelfen[30]. Nutzen Sie auch den Service, den viele öffentliche Bibliotheken anbieten: Man kann sich dort zu aktuellen Unterrichtsthemen eine Bücherkiste zusammenstellen lassen und diese zu Sonderkonditionen über die Schule entleihen. Erkundigen Sie sich auch, ob es in Ihrer Gemeinde oder in Ihrem Stadtteil einen Bücherbus gibt, der eventuell regelmäßig Ihre Schule besuchen könnte.

Buchstaben-Karten zum Nachsticken/Nachmalen

Zum Kennenlernen der Buchstaben, aber auch zur Schulung der Feinmotorik bieten wir den Kindern Karten an, auf denen jeweils der Umriss eines Buchstaben zu sehen ist. Dieser kann mit farbigem Garn nachgestickt werden. Anschließend kann das Innere des Buchstabens noch bunt angemalt werden. Durch die etwas hervorstehende Umrandung aus Stickgarn eignen sich die Karten anschließend auch zum Ertasten der Form.

Zur Herstellung dieser Karten können Sie die ⊛ Hohlbuchstaben mit dem Fotokopierer vergrößern. Eine Postkartengröße hat sich sehr praktikabel herausgestellt. Wählen Sie wegen der besseren Haltbarkeit ein festeres Papier oder Karton. Um den Kindern die Arbeit zu erleichtern, sollten auf dem Buchstabenumriss Punkte in regelmäßigen Abständen zu sehen sein. Diese kann das Kind zunächst mit einer Prickelnadel durchstechen. Zum Sticken sollten Sie wegen der geringeren Verletzungsgefahr Nadeln mit stumpfer Spitze bereitlegen.

Einsatzfertige Vorlagen für alle Buchstaben des ABC und die Ziffern finden Sie beim Verlag an der Ruhr[31].

Buchstaben-Memory®

Mit diesem Material arbeiten die Kinder, um sich die Buchstabenformen bzw. die Zuordnung von Groß- und Kleinbuchstaben einzuprägen.

Für die erste Variante haben wir jeweils 2 Kärtchen mit demselben Buchstaben hergestellt. Die Kinder sollen wie beim herkömmlichen Memory®-Spiel Paare gleicher Buchstaben finden. Beim zweiten Kartensatz bestehen die Paare jeweils aus einem Klein- und einem Großbuchstaben. Benutzen Sie für beide Spiele eine andere Farbe, damit sich die Karten nicht versehentlich vermischen.

Eine weiterführende Variante wäre die Paarbildung von Druck- und Schreibschriftbuchstaben.

Buchstaben-Puzzle

Ein bei den Kindern sehr beliebtes Material sind unsere Buchstaben-Puzzle. Es existiert ein Puzzle für jeden Buchstaben. Sind alle Teile richtig zusammengesetzt, ergibt sich die Form des Buchstaben. Gleichzeitig werden im Innern Abbildungen sichtbar, die alle mit dem jeweiligen Buchstaben anfangen. Zu jedem Bild gibt es wiederum eine Wortkarte, die das Kind erlesen und zuordnen soll.

Damit die Teile nicht durcheinander geraten, haben wir auf die Rückseite den jeweiligen Buchstaben geschrieben. Außerdem hat jeder Buchstabe sein eigenes Fach in einem Schubladen-Container, den man in Baumärkten z.B. für Schrauben kaufen kann.

Stellen Sie solche Puzzles gemeinsam mit den Kindern her. Sie benötigen auf DIN-A4-Größe kopierte Hohlbuchstaben und Zeitschriften, aus denen die Kinder passende Bilder ausschneiden und dann aufkleben können. Wäre es nicht eine schöne Idee, wenn die älteren Kinder für die Herstellung der Wortkarten zuständig wären? Mit Hilfe des Wörterbuchs könnten sie dann die richtige Schreibung kontrollieren, bevor sie die Wörter in Schönschrift auf die Kärtchen übertragen.

Wo sollen wir nur anfangen?

Diktat-Dosen

Für die einzelnen Jahrgänge stellen wir Diktat-Dosen mit unterschiedlichem Inhalt bereit. Für die Dosen bieten sich zum Beispiel Kaffeedosen an, die Sie von außen mit farbigem Papier und der Arbeitsanleitung bekleben können; in den Deckel schneiden Sie einen Schlitz wie bei einer Spardose.

Als Inhalt bieten sich für den ersten Jahrgang zunächst kurze lautgetreue Wörter an. Für den zweiten und dritten Jahrgang gibt es Dosen mit den Lernwörtern unseres aktuellen Unterrichtsthemas, und zwar einmal als Einzelwörter sowie als zweite Variante mit kurzen Sätzen. Die Wörter bzw. Sätze stehen einzeln auf Papierstreifen.

Das Kind nimmt zunächst alle Streifen aus der Dose. Es wählt einen aus und sieht ihn sich ganz genau an. Dann steckt es den Streifen durch den Schlitz im Deckel und schreibt das Wort bzw. den Satz in sein Heft. Wenn alle Streifen auf diese Weise bearbeitet worden sind, können sie zur Selbstkontrolle wieder aus der Dose herausgenommen werden.

Divisionsbrett *

Mit Hilfe dieses Montessori-Materials gewinnen die Kinder Einsicht in die Division als Vorgang des Verteilens einer Perlenmenge auf eine vorgegebene Anzahl von Spielfiguren. Es können Aufgaben des Kleinen Eins-durch-Eins ohne und mit Rest gelöst werden.

1x1-Dominos

Zur Automatisierung der Reihen des kleinen 1x1 setzen wir diese Dominos ein. Zu jeder Reihe gibt es ein separates Domino, bei dem Aufgaben und Ergebnisse einander zugeordnet werden müssen. Eine Ergebniskontrolle liegt im Material selbst, da bei einer falschen Zuordnung die letzte Karte nicht angelegt werden kann. Für diese Dominos sind fertige Kopiervorlagen erhältlich[32]. Sie können sie aber auch recht einfach selbst herstellen, indem Sie die Dominokarte so beschriften, dass auf der einen Seite eine Rechenaufgaben und auf der anderen Seite ein Ergebnis steht.

Erbsen-Transport

Bei der Arbeit mit diesem Material trainieren die Kinder ihre Feinmotorik. Es geht darum mit Hilfe einer Pinzette getrocknete Erbsen aus einem Schälchen zu holen und sie in den Vertiefungen einer Noppen-Seifenablage abzulegen. Ideal ist es, wenn das Erbsenschälchen links vom Kind steht, die Seifenablage aber rechts. Das Kind transportiert dann immer in Schreibrichtung von links nach rechts.

„Erste Hilfe"-Karten
Diese Karten sollen den Kindern beim Schreiben von freien sowie gebundenen Texten Hilfestellung geben. Sie sollten Karten für alle aktuellen Schwierigkeiten bereit stellen, zum Beispiel eine Sammlung verschiedener Satzanfänge, das Wortfeld „sagen", eine Zusammenstellung ausdrucksstarker Adjektive, ein Angebot mit lustigen Namen usw. Schön wäre es, wenn Sie die Karten gemeinsam mit den Kindern erarbeiten.

Erzählbilder
„Ich weiß nicht, was ich schreiben soll!" Gibt es in Ihrer Klasse auch Kinder, die Probleme haben, sich einen freien Text auszudenken? Als Anregung haben wir Illustrierte auf originelle Bilder hin durchsucht und sind gerade im Bereich Werbung fündig geworden. Die Bilder haben wir mit einem motivierenden Satzanfang versehen. Die Kinder sollen die Geschichten weiterspinnen und in ihr Geschichtenbuch eintragen.

Erzählkisten
Als weiteren Schreibanlass bieten wir den Kindern Schachteln an, die mit verschiedenen Gegenständen zu einem Thema gefüllt sind. An der Sammlung sollten Sie die Kinder beteiligen.
Das Beispiel unserer Erzählkiste „Sommer" soll Ihnen als Anregung dienen. Sie enthält unter anderem ein Gläschen mit Sand, eine Muschel, verschiedene Ansichtskarten, ein Eis-Sonnenschirmchen. Sehr beliebt ist auch unsere Sammlung von Überraschungsei-Figuren.
Die Kinder können eine oder mehrere Figuren auswählen und sich dazu eine Geschichte ausdenken.
Es bietet sich auch an, zu einem aktuellen Unterrichtsthema eine Kiste zusammenzustellen.

Erzählwürfel
Auch dieses Schreibmaterial soll die Kinder bei der Ideenfindung unterstützen. Es besteht aus drei Holzwürfeln, deren Seiten wir gemeinsam mit den Kindern mit

Wo sollen wir nur anfangen?

originellen Wörtern beschriftet haben. Solche Würfel gibt es in verschiedenen Größen im Spiel- oder Lernmittelhandel, Sie können sie aber auch aus Tonkarton mit Hilfe eines Würfelnetzes selbst herstellen.
Das Kind würfelt nun und soll aus den drei Wörtern, die oben liegen bleiben, eine Geschichte erfinden und aufschreiben.

Experimente-Kartei
Solche Karteien gibt es bereits fertig zu kaufen[33]. Sie können Sie aber auch leicht selbst zusammenstellen. Sachunterrichtsbücher, Kindersachbücher und Kinderseiten im Internet[34] bieten vielseitige Anregung und auch Vorlagen. Die dazu benötigten Materialien kann man in der Regel größtenteils im Haushalt finden. Kinder und Eltern sind sicher gern bereit, die Sammlung zu vervollständigen. Da einige Experimente eventuell etwas Dreck verursachen, sollten Sie auch Tabletts oder Lacktischdecken als Unterlage sowie ein paar Putzlappen bereitstellen.

Fadenbrett zum kleinen 1x1
Dies ist ein sehr beliebtes Material zum Üben der 1x1-Reihen. Die Idee stammt leider nicht von uns[35]. Das Brett ist leicht nachzubauen und könnte z.B. auch im Werkunterricht gemeinsam mit den Kindern hergestellt werden. Zur Selbstkontrolle haben wir eine Lösungsmappe mit den fertigen Fadenbildern zusammengestellt.

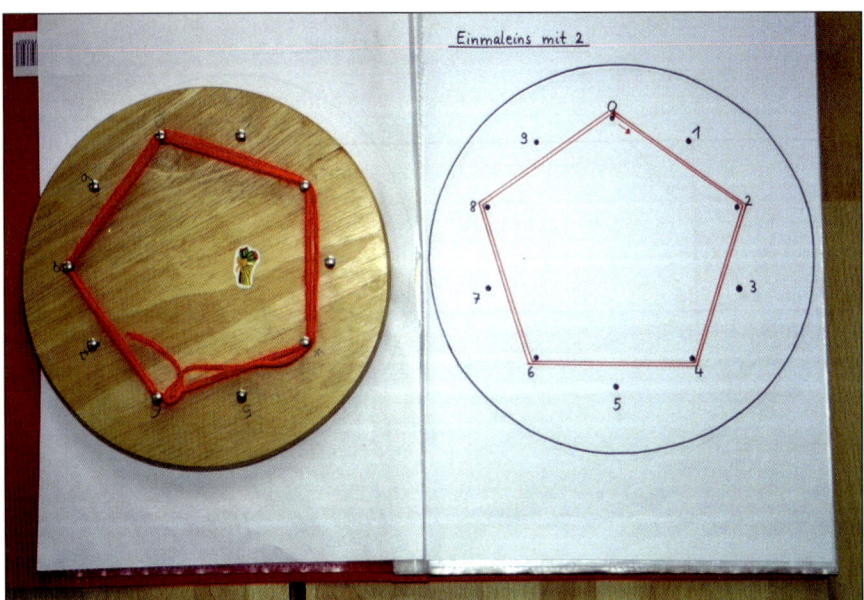

Farbige Perlenstäbchen *

Dieses Montessori-Material besteht aus zu Stäbchen zusammengeschweißten Perlen. Es gibt eine einzelne Einerperle, ein Zweierstäbchen, ein Dreierstäbchen usw. bis zum Zehnerstäbchen. Jedes Stäbchen repräsentiert eine Zahl und hat eine fest zugeordnete Farbe.

Mit Hilfe dieser Stäbchen können die Kinder Zahlen legen: Die Zahl 17 besteht aus einem Zehner- und einem Siebenerstäbchen. Es kann addiert und subtrahiert werden; dabei wird die Zehnerüberschreitung sehr schön sichtbar, weil das Kind dazu Perlenstäbchen umtauschen muss.

Außerdem können die Aufgaben des kleinen 1x1 sehr anschaulich nachgelegt werden.

Fehler-weg-Trainer

Dieses Material besteht aus mehreren Dosen, von denen jede sich mit einem anderen Rechtschreibphänomen beschäftigt: z.B. Groß- und Kleinschreibung, Doppelkonsonanten, Dehnungs-h, Auslautverhärtung etc.[36] Jede Dose enthält Wortkärtchen, eine Regelkarte und mehrere Karteikarten mit Arbeitsanweisungen, sodass das Kind sich das jeweilige Rechtschreibproblem selbst erarbeiten und mit vielfältigen Übungen trainieren kann.

Falls Sie sich selbst solche Dosen zusammenstellen möchten, sollten Sie auf Folgendes achten:

Für jedes Rechtschreibphänomen sollte es eine separate Dose geben. Diese sollte eine Regelkarte enthalten, die dem Kind das Problem verdeutlicht. Dann sollten mehrere Übungskarten mit Anweisungen bereitstehen, die vom Schwierigkeitsgrad her aufeinander aufbauen und es dem Kind ermöglichen, durch vielfältige Variationen zunehmende Sicherheit zu erlangen.

Fühl-Memory®

Zur Schulung der haptischen Wahrnehmung haben wir jeweils zwei Kärtchen mit demselben Material beklebt. Wie beim gewöhnlichen Memory® liegen sie verdeckt auf dem Tisch. Die Kinder sollen nun Paare finden. Dazu dürfen sie die Kärtchen allerdings nicht umdrehen, sondern nur leicht anheben und von unten die Struktur abtasten.

Wenn Sie ein solches Memory® herstellen wollen, sollten sie darauf achten, dass die aufgeklebten Materialien nicht ganz bis an den Rand des Kärtchens reichen, da man sonst die Unterschiede sehr schnell sehen kann. Folgende Materialien eigenen sich gut: Sandpapier, Leder, Tapete, Stoff, Jute, Alufolie, Noppenfolie, Filz, Plastiktüte usw.

Wo sollen wir nur anfangen?

Gedichte- und Zungenbrecherkartei
Dies ist eine Zusammenstellung schöner Gedichte und lustiger Zungenbrecher zu verschiedenen Themen und mit verschiedenem Anspruchsniveau. Die Kinder können sie einfach nur lesen, sie abschreiben und dazu malen oder einen Vortrag üben. Wenn Sie Ihre Schüler ein Gedicht auswendig lernen lassen wollen, ist es motivierender, wenn die Kinder selbst eines auswählen können. Auch der Vortrag wird für alle interessanter, wenn nicht immer wieder derselbe Text wiederholt wird. Sehr schön ist es zum Beispiel in der Vorweihnachtszeit jeden Tag ein anderes Gedicht zu hören.

Geobretter
Ein Geobrett besteht aus einem quadratischen Holzbrett, in das in etwa 4 cm großen Abständen je fünf Nägel nebeneinander und untereinander eingeschlagen sind. Mit Hilfe von Gummibändern sollen die Kinder bestimmte geometrische Figuren nachspannen. Diese Bretter können Sie fertig kaufen, aber auch selbst bzw. zusammen mit den Kindern bauen. Es gibt von verschiedenen Verlagen Vorlagen für Aufgabenkarten[37].

Geografie-Puzzle
Von verschiedenen Verlagen bzw. Herstellern gibt es geografische Puzzle: z.B. für Deutschland und Europa. Spielerisch lernen die Kinder die Form und die geografische Lage von Ländern kennen.

Geometrische Körper *
Dieses Montessori-Material besteht aus 10 blauen Körpern. Hinweise für die Arbeit damit und Möglichkeiten, ein ähnliches Material selbst zusammenzustellen, finden Sie unter dem Stichwort „Bauklötze".

Geschichtenbuch
Jedes Kind hat bei uns sein eigenes Geschichtenbuch. Es ist eine DIN-A4-Kladde mit Blankoseiten. Dieses Buch soll die Kinder durch ihre gesamte Grundschulzeit begleiten. Es wird zum Schreiben von Geschichten genutzt und bildet sehr anschaulich die Schreibentwicklung des Kindes von ersten Zeichnungen mit Einzelwörtern bis zu ausführlichen, rechtschriftlich überarbeiteten Geschichten ab. Wir nutzen das Geschichtenbuch sowohl für gezielte Schreibaufträge als auch für das freie Schreiben.

Gesellschaftsspiele

Gesellschaftsspiele bieten eine erstaunlich vielseitige Palette von Lernanlässen. Einige Beispiele sollen Sie dafür sensibilisieren und Sie ermutigen, Gesellschaftsspiele im Unterricht einzusetzen.

Der Umgang mit den Würfelbildern (z.B. bei Würfelspielen und Dominos) schult die Simultanerfassung. Die Kinder merken außerdem schnell, dass ein Abzählen der Punkte oder der Felder, die es setzten darf, zu lang dauert und entwickeln Strategien des Zählens in Schritten. Zusätzlich kann man Würfel nehmen, die statt der Würfelbilder Ziffern tragen. Man bekommt sie im Spielwarenhandel oder kann sie auch schnell selbst herstellen, indem man die Punktbilder mit Klebeetiketten überklebt und diese selbst beschriftet.

Ein Dominospiel kann man ebenfalls präparieren, indem man einige Punktemuster mit Ziffern überklebt. Nun müssen die Kinder jeweils Ziffer und Punktmenge zuordnen.

Aus einem herkömmlichen Roulette-Spiel lässt sich mit anderen Regeln ebenfalls ein schönes Rechenspiel entwickeln. Wenn die Kinder mit zwei Kugeln spielen, können sie die getroffenen Zahlen z.B. addieren oder voneinander subtrahieren. Der Spieler, der als erster das richtige Ergebnis nennt, bekommt einen Jeton.

Weitere attraktive Spiele mit Lerneffekt sind z.B. Scrabble, Wortfix, Kniffel. Falls Sie Bedenken haben, dass bestimmte Kinder vielleicht nur spielen und dabei andere Aufgaben vernachlässigen, legen Sie einfach klare Regeln dafür fest, z.B. eine zeitliche Begrenzung.

Eine wahre Fundgrube für verschiedene Gesellschaftsspiele sind Flohmärkte.

„gezinktes" Natur-Memory®

Ein beliebtes Spiel- und Lernmaterial ist aus einem gewöhnlichen Natur-Memory® entstanden, das Abbildungen aus der Tier- und Pflanzenwelt tragt. Wir haben lediglich jeweils eine Karte eines Pärchens auf der Rückseite mit dem Namen der Pflanze bzw. des Tieres beschriftet. Nach und nach lernen die Kinder diese Begriffe, da sie sehr schnell verstehen, dass sie dadurch schneller ein Pärchen finden können. Haben sie z.B. zuerst eine unbeschriftete Karte aufgedeckt, können sie, falls sie den richtigen Namen wissen, die zweite Karte durch Ablesen finden.

Globus

Neben den handelsüblichen Globen für Erwachsene gibt es spezielle Exemplare für Kinder, die z.B. auch Tierbilder enthalten.

2 Wo sollen wir nur anfangen?

Goldenes Perlenmaterial und Kartensätze *
Mit diesem Montessori-Material können die Kinder Aufgaben aller vier Grundrechenarten im Zahlenraum bis 9999 handelnd lösen. Es verdeutlicht sehr gut die Struktur unseres Stellenwertsystems und lässt die Kinder insbesondere die – für viele sehr große – Hürde des Übertrags meistern.

Große Division *
Große Zahlen bis in den siebenstelligen Bereich lassen sich spielend leicht durch Perlenmengen darstellen und dividieren. Außerdem dient es der Hinführung zum schriftlichen Divisionsverfahren.

Großes Multiplikationsbrett *
Mit Hilfe dieses Brettes und der farbigen Perlenstäbchen kann das Kind große Zahlen multiplizieren.

Hör-Memory®
Zur Schulung des Hörsinns haben wir aus Filmdosen ein Memory® gebastelt. Jeweils zwei Dosen sind mit demselben Material gefüllt. Durch Schütteln sollen die Kinder die Paare herausfinden. Zur Ergebniskontrolle tragen die Paare auf der Unterseite farbige Klebepunkte.
Als Füllung eignen sich zum Beispiel Vogelsand, Reis, Mehl, getrocknete Linsen, Perlen, Büroklammern, Streichhölzer und vieles mehr. Fragen Sie in einem Fotogeschäft nach leeren Filmdosen. Sie bekommen sie dort kostenlos.

Hunderter-Brett *
Dieses Montessori-Material können Sie auch leicht selbst herstellen. Es besteht aus einem quadratischen Brett, das in 10 mal 10 Felder aufgeteilt ist. In einem Kästchen befinden sich passende Kärtchen mit den Zahlen von 1 bis 100. Die Kinder haben nun die Aufgaben, alle Zahlenkärtchen an die richtige Stelle auf das Brett zu legen. Die Anordnung entspricht den geläufigen Hunderterfeldern. Ein ausgefülltes Feld liegt außerdem als Ergebniskontrolle bei.
Zur vertiefenden Arbeit können Sie Karteikarten mit Arbeitsaufträgen bereitstellen. Folgende und ähnliche Aufträge sind denkbar:
„Lege nur die Zehnerkarten." „Lege alle Kärtchen von 41 bis 50."
„Lege diagonal von links oben nach rechts unten."

Praktische Tipps

Hunderter-Kette *
Dieses Montessori-Material bietet eine lineare Darstellung der Zahlen bis 100. In Anlehnung an die Goldenen Perlen sind jeweils 10 goldene Perlen auf einen Draht gezogen. Zwischen den einzelnen Zehnern befindet sich ein kleiner Ring als Abstandhalter, der hilft, den Hunderter zu strukturieren. In einer Dose sind Pfeile mit Zahlenaufdruck, die das Kind zuordnen soll.

Kalender
Sammeln Sie zum Größenbereich „Zeit" möglichst viele verschiedene Kalender. Sie können sie die Kinder von zu Hause mitbringen lassen. Zum Jahresbeginn bekommt man Kalender häufig gratis, zum Beispiel in Apotheken oder bei Geldinstituten. Außerdem lohnt es sich, etwa ab März in Schreibwaren- und Buchläden nachzufragen. Dann gibt es sehr preiswerte Kalender, vielleicht bekommen Sie sogar welche geschenkt.

Kassetten-Recorder
Wir haben einen ausrangierten Kassetten-Recorder mit eingebautem Mikrofon sowie Leerkassetten in unserer Klasse. Er ist vielseitig einsetzbar. Er kann zu Diktatübungen benutzt werden, wenn Sie vorher den Text auf Band sprechen. Das Kind kann dann die Länge der Abschnitte selbst bestimmen und sich den Text auch wiederholt anhören. Sehr beliebt ist auch das laute Lesen auf Kassette. Die Kinder können dann selbst entscheiden, mit welcher Version sie zufrieden sind und welche sie der Klasse vorspielen möchten. Man kann dieses Medium aber auch zu Kopfrechenübungen heranziehen. Stellen Sie doch einfach verschiedene Kassetten mit unterschiedlichem Schwierigkeitsgrad her.

Kaufladen-Zubehör
In Spielwarenläden oder auf dem Flohmarkt können Sie kleine Lebensmittelverpackungen und Plastikfrüchte erstehen. Eine andere Variante wären leere Verpackung in Originalgröße, die Sie gemeinsam mit den Kindern sammeln. Eine Platz sparendere Version erhalten Sie, wenn Sie aus Lebensmittelprospekten Bilder ausschneiden und auf Kärtchen kleben. Alle Artikel werden mit Preisschildern versehen. Schön wäre es, wenn Sie während eines Unterrichtsganges die Preise mit den Kindern zusammen in Erfahrung bringen könnten.
Damit alle Jahrgänge mit dem Material rechnen können, bereiten Sie am besten zwei Sätze der Preisschilder her: einen mit den Originalpreisen in Kommaschreib-

Nichts geht ohne – Material

Wo sollen wir nur anfangen?

weise und eine mit gerundeten bzw. vereinfachten Preisen. Eine Schachtel mit vorbereiteten Einkaufszetteln oder Kochrezepten, für die „eingekauft" werden soll, kann als Aufgabenkartei dienen.

Kinderatlas
Es gibt sehr schöne Exemplare, die die einzelnen Länder mit Abbildungen von dort heimischen Tieren und Pflanzen ergänzen.

Klammerkarten
Karten zu den verschiedensten Themen können Sie fertig kaufen[38], aber auch selbst herstellen. Das Kind löst die Aufgaben auf der Vorderseite. Es gibt verschiedene Antworten zur Auswahl, die farblich gekennzeichnet sind. Das Kind markiert die passende Antwort mit einer Mini-Wäscheklammer in derselben Farbe. Die Ergebniskontrolle liegt auf der Rückseite. Stimmt die Klammer mit dem farbigen Klebepunkt überein, ist die Antwort richtig.

Kleines Multiplikationsbrett *
Mit diesem Montessori-Material gewinnt das Kind Einsicht in die Multiplikation. Es besteht aus einem Holzbrett mit 10 mal 10 kleinen Vertiefungen. In diese können mit Perlen alle Aufgaben des kleinen 1x1 gelegt werden. Das Ergebnis kann durch Abzählen oder durch fortlaufende Addition ermittelt werden. Wir nutzen das Multiplikationsbrett zur Einführung. Jedes Kind muss alle Aufgaben des kleinen 1x1 legen und alle Reihen in sein 1x1-Heft eintragen. Dies dient später als Grundlage und Nachschlagemöglichkeit für das Automatisieren der einzelnen Reihen.

Knete
Knete ist in der Grundschule vielfältig einsetzbar. Sie dient allgemein der Schulung der Feinmotorik und kann benutzt werden, um zum Beispiel Buchstaben und Zahlen nachzuformen. Damit die Tische nicht zu sehr in Mitleidenschaft gezogen werden, sollten die Kinder z.B. alte Frühstücksbrettchen unterlegen.
Eine ungiftige Knetmasse können sie leicht mit den Kindern selbst herstellen:

Knete selbst gemacht:

Das brauchst du:
125 ml Wasser
1 Esslöffel Öl
7 ½ Esslöffel Mehl
7 ½ Esslöffel Salz
½ Teelöffel Zitronensäure
2 Teelöffel Speisefarbe
einen Messbecher
einen Wasserkocher
eine Schüssel

So geht es:

1. Miss mit dem Messbecher 125 ml heißes Wasser ab und bringe das Wasser zum Kochen.
2. Mische Mehl, Salz und Zitronensäure in einer Schüssel.
3. Gieß das heiße Wasser vorsichtig in den Messbecher zurück und gib das Öl und die Farbe hinzu.
4. Nun kannst du das Wasser-Farb-Ölgemisch zu dem Mehl geben.
5. Verknete alles gut.
6. Die Knete kannst du in einem verschließbaren Behälter aufbewahren.

Möchtest du etwas Schönes kneten? Viel Spaß!

Wo sollen wir nur anfangen?

Kreuzworträtsel-Ordner

Aus Kinderzeitschriften haben wir mittlerweile eine große Sammlung von Kreuzworträtseln mit ganz verschiedenen Schwierigkeitsgraden zusammengestellt. Beim Lösen dieser Rätsel müssen die Kinder ganz genau überlegen, wie ein Wort geschrieben wird. Auf diese Weise haben wir schon wenig motivierte Kinder für die Rechtschreibung begeistern können. Einige Schüler haben die Aufgaben übernommen, Lösungsblätter herzustellen.

Lautgetreue Lesedosen

Dieses Material enthält Bilder bzw. Gegenstände, die einer Wortkarte zugeordnet werden sollen. Wenn Sie solche Dosen selbst zusammenstellen möchten, sollten Sie darauf achten, zunächst nur lautgetreue Wörter zu nehmen, da dies ein Material für Leseanfänger ist. Ideal sind mehrere Dosen mit unterschiedlichem Schwierigkeitsgrad, z.B. eine Dose mit einsilbigen, eine andere mit zweisilbigen und eine dritte mit mehrsilbigen Wörtern. Man kann solche Dosen aber auch bereits fertig kaufen[36].

Lernspiele

Stöbern Sie gelegentlich auf Flohmärkten. Sie sind oft eine Fundgrube für Lernspiele zu verschiedenen Unterrichtsthemen, wie Straßenverkehr, gesunde Ernährung usw.

Lese-Mal-Blätter bzw. -Geschichten

Diese sind bei den Kindern sehr beliebt. Sie schulen das sinnentnehmende Lesen, da die Kinder etwas malen sollen, das im Text erwähnt wird. Es gibt sie für Leseanfänger, aber auch für fortgeschrittene Leser[39].

Lese-Pfeil

Der Lese-Pfeil besteht aus einem rechteckigen Stück Papier, aus dem an der oberen linken Ecke ein „Fenster" ausgeschnitten ist. Zur besseren Haltbarkeit empfiehlt es sich, den Lese-Pfeil zu laminieren.
Der Lese-Pfeil hilft Kindern, einzelne Wörter zu erlesen, insbesondere Leseanfängern, Kindern mit einer Lese-Rechtschreib-Schwäche oder Kindern mit Konzentrationsproblemen. Er wird so auf dem Text gelegt, dass immer nur ein Wort im Fenster erscheint. Dadurch wird die Aufmerksamkeit des Kindes nur auf dieses eine Wort gelenkt. Es ist natürlich auch möglich, längere Wörter noch weiter zu unterteilen,

z.B. in Silben oder Sinneinheiten. Hat das Kind ein Wort erlesen, wird der Pfeil nach rechts weitergeschoben, sodass das nächste Wort erscheint usw. Der Lese-Pfeil ist darüber hinaus auch eine gute Hilfe bei der rechtschriftlichen Korrektur von Texten. Dazu geht das Kind seinen Text Wort für Wort durch. Es hat sich bewährt, von hinten – also beim letzten Wort des Textes – anzufangen. Dadurch wird die Aufmerksamkeit des Kindes deutlicher auf jedes einzelne Wort gelenkt. Andernfalls besteht die Gefahr, dass Fehler schnell überlesen werden: Dies ist besonders bei guten Lesern der Fall. Sie erkennen aus dem Zusammenhang, welches Wort als nächstes kommen müsste und übersehen dadurch schnell z.B. fehlende Buchstaben.

Lese-Spiele
Es gibt zahlreiche Lesespiele verschiedener Verlage auf dem Markt, die das Sinnverständnis und die Leseschnelligkeit schulen. Die „Ideen-Kiste Schrift-Sprache"[40] bietet ihnen zahlreiche Ideen und Vorlagen, um diese selbst herzustellen.

Lese-Überraschung
Ein einfaches, aber interessantes Lesematerial können Sie aus den gelben Innenteilen von Überraschungseiern herstellen. In jedes Ei stecken Sie einen Papierstreifen mit einer lustigen Anweisung, z.B. „Steh auf dem linken Bein und zwinkere mit dem rechten Auge!" Die Kinder lesen die Anweisung und führen sie aus.

„Lies dich schlau"-Kartei[17]
Viele Kinder neigen dazu, Texte oberflächlich zu lesen. Doch gerade bei schriftlichen Arbeitsaufträgen ist das sinnentnehmende Lesen die Grundlage für eine richtige Umsetzung. Die Kartei beinhaltet verschiedene interessante Leseaufgaben, die genau diese Fähigkeit trainieren.

Logico und LÜK[18]
Die Vorteile dieser Arbeitshefte mit Selbstkontroll-Geräten haben wir bereits genau dargelegt. Darüber hinaus sind sie sehr beliebt. (➡ Nichts geht ohne – Material: Die Spreu vom Weizen trennen, S. 130)

Mandalas
Viele Kinder brauchen während der doch recht langen Wochenplanphase zwischendurch ein bisschen Ruhe und Entspannung. Gerne nehmen sich unsere Schüler

Wo sollen wir nur anfangen?

dann ein Mandala und malen es in Ruhe aus. Darum gibt es bei uns einen Ordner, aus dem die Kinder sich frei bedienen können. Allerdings haben wir vereinbart, dass derjenige, der die letzte Vorlage eines bestimmten Mandalas nimmt, vorher neue Kopien macht.[41]

Markenspiel *

Mit diesem Montessori-Material können die Kinder im Zahlenraum bis 9999 Zahlen legen, addieren, subtrahieren, multiplizieren und dividieren. Es baut auf das Goldene Perlenmaterial auf, d.h. es ist die nächste Abstraktionsstufe. Man kann das Markenspiel auch leicht selbst herstellen.

Massage-Igel

Die Massage-Igel werden von Kindern genutzt, die das Bedürfnis nach Entspannung und einer Pause haben. Da wir die Igel auch im Sportunterricht einsetzen, wissen die Kinder, was sie mit ihnen tun können.

Maßbänder

Für praktische Aufgaben im Größenbereich „Längen" können Sie alle Arten von Maßbändern einsetzen. Die Kinder lieben es, ihre Umgebung zu vermessen und alles zu vergleichen. Sie können die Kinder Maßbänder mitbringen lassen. In Baumärkten und Möbelhäusern bekommen Sie ganze Klassensätze (aus Papier) kostenlos.

Mathematik-Karteien

Als zusätzliches Übungsmaterial neben ihren eigenen Arbeitsheften finden die Kinder verschiedene Karteien in unseren Regalen, z.B. mit Knobelaufgaben, für die verschiedenen Größenbereiche, mit „5-Minuten-Rechnen", für die Zahlenmauern, mit Sachaufgaben usw. Solche Karteien können Sie gut selbst herstellen, indem Sie Arbeitshefte oder Mathematikbücher zerschneiden, die Seiten laminieren und in eine Schachtel packen. Knobelaufgaben finden Sie häufig in Kinderzeitschriften, die es z.B. in Apotheken kostenlos gibt.

Messbecher

Praktische Erfahrungen mit dem Größenbereich „Rauminhalt" machen unsere Schüler, indem sie mit verschiedenen Messbechern Wasser oder Sand abmessen und verschieden große Gefäße miteinander vergleichen. Eine Aufgabenkartei unterstützt sie dabei. Bitten Sie die Eltern um ausrangierte Messbecher jeder Größe.

Nacherzählgeschichten

Aus einem Ordner mit Geschichten können die Kinder eine aussuchen, sie lesen so oft sie möchten und eine Nacherzählung in ihr Geschichtenbuch schreiben. Sammeln Sie kürzere und längere Geschichten, um der unterschiedlichen Merk- und Schreibfähigkeit der Kinder gerecht zu werden.
Als Hilfe können Sie auf die Rückseite der einzelnen Geschichten wichtige Wörter schreiben, die die Kinder beim Nacherzählen benutzen können, falls sie einmal nicht weiterwissen.

PC mit Lernprogrammen

Ausrangierte Computer kann man gelegentlich von Eltern oder ortsansässigen Firmen bekommen. Halten Sie also Augen und Ohren offen. Wir benutzen sowohl ein Textverarbeitungsprogramm als auch verschiedene Lernprogramme.

Phonogramm-Dosen [36]

Für Leseanfänger sind Buchstabenverbindungen wie „sch", „ei" und „eu" schwierig. Jede Phonogramm-Dose beschäftigt sich mit einer anderen Buchstabenverbindung. Auf den Wortkärtchen ist diese immer farblich hervorgehoben, damit den Kindern die Strukturierung des Wortes leichter fällt. Mit Phonogramm-Dosen wird genauso gearbeitet wie mit den lautgetreuen Lesedosen.

Plättchen-Rätsel zur Zahlzerlegung

Mit diesem Partnerspiel üben die Kinder die Zerlegung der Zahlen bis 10. Ein Foto, das das Spiel erklärt, finden Sie auf S. 127.

Pythagoras-Brett *

Auf diesem Brett befinden sich alle Aufgaben des kleinen 1x1. Die Ergebnisse sind auf quadratische Plättchen gedruckt, die das Kind auf die passenden Aufgaben legen muss. Selbstverständlich kann man das Material auch aus Papier und Pappe nachbasteln.

Quiz-Fächer

Sie enthalten eine Fülle von Fragen; die Antworten befinden sich auf der Rückseite. Die Kinder bearbeiten sie gerne in Partnerarbeit: Sie lesen und raten abwechselnd.

Wo sollen wir nur anfangen?

Dieses Material kann gut als Leseübung genutzt werden, denn es schult das sinnentnehmende Lesen. Darüber hinaus können sich die Kinder zu einem bestimmten Sachthema (z.B. „Ritter" oder „Bäume") informieren und ihr Wissen erweitern. Im Spiel- oder Schreibwarenhandel sind Quiz-Fächer von verschiedenen Verlagen erhältlich[42].

Rechengeld

Sie können Geldkassetten mit Papierscheinen und -münzen in Lernmittelläden kaufen. Es gibt aber auch kostengünstigere Varianten:
Sie können die Beilagen aus Mathematikbüchern sammeln, statt sie den Kindern persönlich auszuhändigen. Außerdem lohnt es sich, bei Geldinstituten nachzufragen. Damit die Kinder schneller die richtigen Münzen und Scheine finden, sollten sie sortiert in einem Behälter mit Unterteilungen aufbewahrt werden. Dazu könnte man z.B. Kunststoffboxen aus dem Baumarkt besorgen, in denen für gewöhnlich Schrauben oder Nägel aufbewahrt werden.

Rechenplättchen

Rechen- oder Wendeplättchen können die Kinder zum Legen von Mengen und zum Rechnen benutzen. Man kann sie teilweise kostenlos bekommen, und zwar bei Firmen, die Büro-Ordner herstellen. Die „Wendeplättchen" sind dort ein Abfallprodukt, denn sie werden aus dem Rücken der Ordner herausgestanzt.

Rechenrahmen *

Es gibt zwei grundlegend verschiedene Arten von Rechenrahmen. Die weitaus bekanntere Variante besteht aus 10 Drähten, auf die jeweils 10 Perlen aufgezogen sind, sodass ein Hunderterfeld entsteht. Beim „Kleinen Rechenrahmen" des Montessori-Materials gibt es nur 4 Drähte. Jeder steht für einen anderen Stellenwert: der oberste für die Einer, dann folgen Zehner, Hunderter und Tausender. Das Kind kann also Aufgaben bis 9999 lösen. Der Montessori-Rechenrahmen ist eine weitere Abstraktionsstufe zu den Goldenen Perlen und dem Markenspiel. Der Vorteil dieser Montessori-Rechenrahmen besteht darin, dass sie das Dezimalsystem abbilden und dem Kind immer wieder den Zusammenhang der einzelnen Stellenwerte verdeutlichen.

Rechtschreib-Kartei

Verschiedene Verlage bieten für jeden Jahrgang Karteien an, mit denen die Kinder verschiedene Rechtschreibphänomene üben können. Bei uns arbeiten die Kinder eine solche Kartei nicht von Anfang bis Ende durch, sondern wir suchen die Karten heraus, die Übungen zu individuellen Problemen liefern. Sollte Ihnen also bei der Durchsicht der Hefte eines Schülers auffallen, dass er Probleme mit dem Dehnungs-h hat, schreiben Sie die Nummer der entsprechenden Karteikarte auf seinen Wochenplan.

Reim-Wörterbuch
Kinder dichten gerne. Falls sie einmal kein passendes Reimwort finden, kann ein Reimwörterbuch helfen. Hier sind die Wörter nicht wie in einem gewöhnlichen Wörterbuch nach Anfangsbuchstaben geordnet, sondern nach ihren Endungen. Als Hilfestellung kann ihnen das Reimlexikon dienen.[43]

 Sandpapier-Buchstaben

Hier handelt es sich um feste Karten, auf die jeweils ein Buchstabe aus Sandpapier aufgeklebt ist. Man kann ihn sogar mit geschlossenen Augen gut ertasten. So wird der Tastsinn der Kinder geschult. Ganz nebenbei lernen die Kinder die Form der Buchstaben besser kennen. Wenn Sie die Sandpapierbuchstaben zusätzlich mit Richtungspfeilen versehen, können die Kinder mit ihnen auch die korrekte Schreibrichtung üben als Vorstufe zur Arbeit im Schreibheft. Die Sandpapierbuchstaben können Sie gut selbst herstellen. Vergrößern Sie dazu die Kopiervorlage „Hohlbuchstaben". Ideal ist, wenn ein Buchstabe etwa Postkartengröße erhält.

 Sandpapier-Ziffern

Lesen Sie bitte unter Sandpapierbuchstaben nach.

„Schauen und Bauen"
Dieses Material aus dem Programm „mathe 2000"[44] dient der Schulung des räumlichen Vorstellungsvermögens. Es geht darum, drei Quadern auf einem Lageplan die dazu passenden Seitenansichten zuzuordnen. Das Lernspiel ist für vier Kinder ausgelegt, die die Aufgaben teilweise nur durch Zusammenarbeit lösen können.

„Schöne Muster"-Kartei
Am unteren Seitenrand von Mathematik-Übungsheften findet man oft Muster, die die Kinder zeichnerisch fortführen sollen. Wir haben solche „schönen Muster" kopiert

Wo sollen wir nur anfangen?

und die Streifen in einer Schachtel gesammelt. Die Kinder können sie weiterzeichnen und anschließend in ihr Heft einkleben.

„Schrauben und Muttern"
Eine Schachtel enthält 10 Schrauben mit den passenden Muttern. Alle haben unterschiedliche Größen. Die Aufgabe besteht darin, zu jeder Schraube die richtige Mutter zu finden und sie zusammenzuschrauben. Bei dieser Arbeit entwickeln die Kinder ein Gefühl für Größenunterschiede und schulen ihre Feinmotorik.

Schreiblehrgang
Sie benötigen einen so genannten „offenen" Schreiblehrgang. Da nicht alle Kinder im selben Tempo und derselben Reihenfolge die Buchstaben erlernen, muss der Lehrgang entsprechende Zusatzmaterialien bieten, die eine selbstständige Erarbeitung erlauben: z.B. eine Anlauttabelle und Schreibrichtungskarten. Lesen Sie bitte auch unter diesen Stichpunkten nach.

Schreibrichtungskarten
Für alle Ziffern und Buchstaben gibt es bei uns Schreibrichtungskarten. Jede Ziffer bzw. jeder Buchstabe befindet sich auf einer separaten Karte. Pfeile zeigen die richtige Schreibrichtung an. Falls es mehrere Pfeile bei demselben Buchstaben gibt, weil der Stift zwischendurch abgesetzt werden muss, sind die Pfeile nummeriert. So weiß das Kind, in welcher Reihenfolge es arbeiten muss.
Die Schreibrichtungskarten benötigen die Kinder unbedingt zur selbstständigen Erarbeitung der Ziffern und Buchstaben. Sie können den Buchstaben oder die Zahl zunächst auf der Schreibrichtungskarte mit dem Finger nachfahren und später im Heft mit dem Stift üben. Die Kinder sind also nicht mehr darauf angewiesen, dass ein Lehrer ihnen zeigt, wie es geht.
Sie können die Karten selbst herstellen, wenn Sie die entsprechenden Hohlbuchstaben etwa auf Postkartengröße kopieren. Zeichnen Sie dann die Pfeile ein und laminieren Sie die Kärtchen.

Schütteldosen
Die Schütteldosen sind ein Material zur Zahlzerlegung. Es gibt jeweils eine Dose für die Zahlen von 1 bis 10.
Wir haben sie aus Streichholzschachteln selbst gebastelt. Sie enthalten zwischen 1 und 10 Perlen. Das Innere der Schachtel ist mit einem kleinen Steg so unterteilt, dass sich die Perlen noch frei auf beiden Seiten bewegen können.

Damit sie nicht herausfallen, empfiehlt es sich, einen Deckel aus durchsichtiger Folie (z.B. OHP-Folie) zu basteln. Auf der Außenhülle der Schachtel steht die Anzahl der Perlen, die sich im Innern befindet. Und so wird mit den Schütteldosen gearbeitet: Das Kind schüttelt die Schachtel und öffnet sie dann bis zum Trennsteg. Die nun sichtbaren Perlen kann es abzählen. Es soll überlegen, wie viele Perlen sich auf der anderen Seite befinden. Ob seine Lösung richtig ist, kann es selbst überprüfen, indem es die Schachtel zu anderen Seite herausschiebt.

Als Zusatzmaterial können Sie das „Zahlenhaus"-Heft anbieten. Das Kind soll dann zu einer Zahl möglichst viele Zerlegungen finden und diese eintragen.

Das Heftchen besteht aus einem Deckblatt und 10 Seiten für die Zahlen von 1-10 und ist einfach an der linken Seite zusammengeheftet.

Silbenspiele

Die Fähigkeit, ein Wort in seine Bausteine zerlegen zu können, ist sowohl für das Lesen als auch die Rechtschreibung eine wichtige Grundlage. Es gibt Kinderbücher, bei denen Tiernamen in ihre Silbe zerlegt sind, sodass man neue lustige Fantasietiere zusammenstellen kann[45]. Kopiervorlagen für weitere Silbenspiele finden Sie in der „Ideen-Kiste Schrift-Sprache"[40].

Spiegel-Kartei

Zum Thema Achsensymmetrie sollten Sie Material zum Spiegeln bereitstellen. Sie können Seiten von Mathematikbüchern zu einer Kartei zusammenstellen und dazu auch Lösungskarten bereitstellen.[46]

Wo sollen wir nur anfangen?

Wir haben eine Zeit lang mit gewöhnlichen Spiegelfliesen aus dem Baumarkt gearbeitet. Da sie aus Glas sind, hatten wir nicht lange Freude daran. Es lohnt sich daher die Anschaffung von Kunststoffspiegeln.

Spielwürfel

Gewöhnliche Spielwürfel sind hervorragend für Kopfrechenaufgaben einzusetzen. Wenn Sie zusätzlich im Spielwarenladen Spezialwürfel besorgen, können Sie das Repertoire und den Zahlenraum noch erweitern. Es gibt z. B. Würfel mit Zehnerzahlen oder mit allen Zahlen bis 20. Einige Anregungen für die Arbeit mit den Würfeln sollen Ihre eigene Kreativität wecken:

Man kann mit zwei Würfeln werfen und die beiden Augenzahlen addieren, voneinander subtrahieren oder miteinander multiplizieren. Wenn zwei oder mehr Kinder gemeinsam spielen, könnte jeder sein eigenes Würfelpaar haben. Es wird gleichzeitig gewürfelt. Wer erhält die höchste Summe? Wer erhält die kleinste Differenz? Es können auch Stellenwerte gewürfelt werden. Jeder Mitspieler hat drei Würfel. Er soll daraus eine möglichst große Zahl würfeln. Das Ergebnis hängt nicht nur vom Wurf ab, sondern auch von der Reihenfolge, in der das Kind die drei Würfel anordnet.

Steckwürfel

Steckwürfel können Sie hervorragend sowohl für den Arithmetik- als auch für den Geometriebereich einsetzen.

Die Würfel lassen sich z. B. zum Rechen zu Zehnerstangen oder Hunderterplatten zusammenstecken. Aufgaben mit Zehnerüberschreitung können so hervorragend „be-griffen" werden.

Die Kinder können aber auch Würfelkonstruktionen nachbauen. Eine Kollegin hat einige Würfelgebäude fotografiert und daraus eine Kartei hergestellt. Die Kinder können sich eine Karte aussuchen und sollen die Abbildung genau nachbauen. Dies ist eine hervorragende Schulung des räumlichen Vorstellungsvermögens.

Stempelkasten

Für Kinder, denen es noch schwer fällt, selbst Buchstaben zu schreiben, kann ein Stempelkasten eine große Unterstützung sein und als Schreibmotivation dienen. Besonders geeignet ist ein Stempelkasten, dessen Buchstaben man direkt zu einem Wort zusammenstecken kann.

Sterntabelle *

Dieses Montessori-Material besteht aus einem Brett, auf dem ein Kreis in der Mitte das Prädikat repräsentiert. Von dort gehen sternförmig Pfeile aus, die Fragen zu den verschiedenen Satzteilen tragen.

Mit Hilfe der Sterntabelle können die Kinder Sätze aufbauen, aber auch vorgegebene Sätze in ihre Satzteile zerlegen.

Tangram

Ein Tangram können Sie als Gesellschaftsspiel im Spielwarenladen kaufen. Die beiliegenden Vorlagen sind in der Regel jedoch so klein, dass man fast eine Lupe benötigt. Am besten vergrößern Sie sie und stellen damit eine Kartei zusammen. Für die erste Begegnung mit diesem Material ist es für die Kinder sehr hilfreich, wenn die Vorlage der Originalgröße der Einzelteile entspricht. Dann können die Kinder die Vorlage direkt mit den Teilen auslegen.

Selbstverständlich können Sie ein Tangram-Spiel auch selbst herstellen. In Mathematikbüchern finden Sie entsprechende Vorlagen. Ein schönes Material dafür ist Moosgummi. Aber auch handelsübliche Schwammtücher eignen sich gut. Sie haben den Vorteil, dass man sie zu Demonstrationszwecken problemlos an der Wandtafel befestigen kann, wenn man sie anfeuchtet.

Tausender-Kette *

Lesen Sie bitte unter dem Stichwort „Hunderterkette" nach.

Thematische Lesedosen

Diese können Sie gemeinsam mit den Kindern selbst zusammenstellen. Sammeln Sie Gegenstände bzw. Spielzeug zu Oberbegriffen wie Kleidung, Möbel, Fahrzeuge, wilde Tiere usw. Die Dinge, die zu einem Oberbegriff gehören, kommen jeweils in eine Schachtel. Weitere Informationen finden Sie unter dem Stichpunkt „lautgetreue Lesedose".

Tier- und Pflanzen-Kartei

Diese Kartei einhält Sachtexte, Farbfotos und Ausmalbilder. Sie ist eigentlich ein Material für den Sachunterricht, eignet sich jedoch auch hervorragend als Schreibanlass. Wir haben festgestellt, dass besonders die Jungen eher von Sachthemen zum Schreiben motiviert werden.

Wo sollen wir nur anfangen?

Die Kinder wählen ein Tier oder eine Pflanze aus, lesen den Sachtext dazu und malen das Bild aus. Anschließend sollen sie das Bild in ihr Geschichtenbuch kleben und selbst einen kleinen Sachtext schreiben.
Wir haben ein Exemplar von „Amsel, Drossel, Fink und Star"[47] einfach zerschnitten und die Einzelseiten zu einer Kartei zusammengestellt.

Uhren
Für praktische Übungen zum Größenbereich „Zeit" sollten Sie möglichst viele verschiedene Uhren sammeln: eine Sanduhr, eine Armbanduhr, eine Digitaluhr, einen Kurzzeitmesser usw. So können die Kinder verschiedene Möglichkeiten der Zeitmessung kennen lernen und ausprobieren.

Waagen
Für praktische Übungen zum Größenbereich „Gewichte" sollten Sie möglichst viele verschiedene Waagen sammeln: eine Körperwaage, eine Küchenwaage, eine Briefwaage, eine Balkenwaage usw.

„Wald-Geräusche-Spiel"
Geräusche (von CD) und Bildkarten aus dem Sachbereich „Wald" sollen hier einander zugeordnet werden. Das Spiel eignet sich nicht nur sehr gut zur Schulung des Hörsinns, sondern vermittelt auch Sachwissen. Sie können Material zu verschiedenen Themen kaufen[48], es lohnt sich aber auch, mit den Kindern selbst Geräusche auf eine Kassette aufzunehmen und die dazu passenden Gegenstände oder Tätigkeiten zu fotografieren, um daraus ein eigenes Material herzustellen.

Weitererzählgeschichten
In einem Ordner befinden sich die Anfänge von Geschichten. Nach fünf oder sechs Sätzen hört der Text unvermittelt auf. Die Kinder sollen nun die Geschichte weiterspinnen und aufschreiben.

Witze-Kartei
Das für viele Kinder wenig ansprechende Thema „Satzzeichen bei der wörtlichen Rede" gewinnt einen ganz anderen Anreiz, wenn die Zeichensetzung anhand von Witzen geübt werden kann.

Sammeln Sie mit den Kindern zusammen deren Lieblingswitze. Jeder Witz kommt auf eine eigene Karteikarte, die Satzzeichen werden allerdings weggelassen. Aufgabe der Kinder ist es, zunächst alle Textteile zu unterstreichen, die von einer Person gesprochen werden. Anschließend sollen sie die entsprechenden Zeichen setzen. Ein besonderer Anreiz entsteht, wenn Sie die Kinder mit einem Partner arbeiten und den Witz als kleinen Sketch einüben lassen.

Wortarten-Symbole (Schablone) *
Zur Unterscheidung der Wortarten arbeiten wir mit den Wortartensymbolen nach Montessori. Jede Wortart hat ein anderes grafisches Zeichen: das große schwarze Dreieck steht für das Nomen, der rote Kreis für das Verb usw. Durch diese Verbindung lernen die Kinder leichter, eine Unterscheidung zu treffen. Bei entsprechenden Übungen – z.B. mit der Wörterbox – zeichnen die Kinder auch jeweils das Symbol zu den einzelnen Wörtern. Bei den Wortarten-Trainern (siehe unten) werden dieselben Symbole verwendet.

Wortarten-Trainer
Diese Materialdosen trainieren die Unterscheidung der verschiedenen Wortarten und verdeutlichen den Kindern deren unterschiedliche Funktion. Die Dosen bauen aufeinander auf und enthalten jeweils verschiedene Übungen zu einer bestimmten Wortart: Nomen und Artikel, Adjektiv, Verb, Präposition, Pronomen[36].

Wort-Bild-Schablonen
Wir haben aus laminierter Pappe Schablonen hergestellt mit Formen wie Baum, Ei, Auto, Haus, Leiter usw. Diese können von den Schreibanfängern mit einem Stift umfahren werden, um die Feinmotorik zu fördern. Dazu können sie das passende Wort aufschreiben.
Es hat sich herausgestellt, dass auch viele Zweitklässler noch gerne mit den Schablonen arbeiten.

Wörterbox und Wortschatz-Ordner
Zum Üben unseres Grundwortschatzes, der sich jeweils aus unseren Sachthemen ergibt, nutzen wir die Wörterbox. Sie ist ein Karteikasten mit fünf Abteilungen. Jedes Kind besitzt eine eigene Wörterbox.

Wo sollen wir nur anfangen?

Am Anfang einer neuen Unterrichtseinheit besprechen wir mit den Kindern gemeinsam die neuen Wörter und ihre schwierigen Stellen. Die Kinder schreiben anschließend jedes Wort auf eine separate Karteikarte. Diese Karten wandern nun nach und nach von Fach zu Fach. In jedem Fach führt das Kind eine andere Übung durch: Selbstdiktat, Partnerdiktat, ein verwandtes Wort suchen, einen Satz mit dem Wort erfinden. Wenn ein Wort richtig geschrieben wurde, wandert es ins nächste Fach. Und wenn alle Wörter im letzten Fach angekommen sind, machen wir gemeinsam ein Lernwörterdiktat. Alle Wörter, die das Kind dabei richtig geschrieben hat, darf es dann in seinen Wortschatzordner eintragen. Die anderen Wörter werden noch weiter geübt.

Der Wortschatzordner ist ein DIN-A5-Ordner, der mit einem ABC-Register unterteilt ist, damit die Kinder die Wörter alphabetisch ordnen können.

Wir setzen die Wörterbox täglich ein. Jeweils am Anfang der Wochenplanstunde soll jedes Kind fünf Wörter bearbeiten. So gewährleisten wir ein kontinuierliches Üben. Damit die Kinder sich die Abfolge der einzelnen Übungen merken können, kann es notwendig sein, eine Zeit lang gemeinsam zu arbeiten. Außerdem hilft ein Plakat, dass alle Arbeitsschritte zeigt.

Wörterbücher

Sie sollten auf jeden Fall mehrere Wörterbücher in Ihrer Klasse haben, damit die Kinder jederzeit die Gelegenheit haben, Wörter nachzuschlagen. Es gibt Wörterbücher, die im ersten Teil eine Nachschlagemöglichkeit für jüngere Kinder bieten. Dieser Teil enthält nur wenige Wörter und ist in einer großen Schrift gedruckt. Der zweite Teil ist dann umfangreicher und für die älteren Schüler gedacht. Der Vorteil solcher Wörterbücher liegt darin, dass sie durch mehrere Jahrgänge hindurch benutzt werden können.

Wörterbuch-Werkstatt

Da der Umgang mit dem Wörterbuch für die Kinder in der Regel schwierig ist, müssen Sie vielseitige Übungen zur Vorbereitung anbieten, die die Kinder selbstständig nach und nach durchführen können.

„Wörter in der Streichholzschachtel"

Sie können dieses Material mit einfachen Mitteln selbst herstellen. Auf die Außenseite einer Streichholzschachtel kleben Sie das Bild eines Gegenstandes oder Tieres, das man möglichst lautgetreu schreibt. Sie können aber auch die Bilder Ihrer Anlauttabelle verwenden. In das Innere der Schachtel legen Sie alle Buchstaben, die man für das Wort benötigt. Sie können dafür auch die ⊚ Hohlbuchstaben verwenden.

Die Kinder haben nun die Aufgabe, die Buchstaben in der richtigen Reihenfolge zu legen. Wenn auf der Rückseite der Streichholzschachtel das gesamte Wort steht, kann das Kind selbst kontrollieren. Die Kinder können nun noch die Wörter aufschreiben.

Wortfix-Spiel
Bei diesem Spiel[48] sollen zusammengesetzte Nomen gefunden werden. Es enthält eine größere Anzahl von Buchstabenkärtchen, die Sie natürlich auch selbst herstellen können. Alle Karten werden zunächst verdeckt auf den Tisch gelegt, anschließend werden zwei Buchstaben aufgedeckt. Aus diesen soll ein zusammengesetztes Nomen gebildet werden, bei dem der 1. Buchstabe der Beginn des ersten Nomens ist und der zweite Buchstabe der beginn des zweiten Nomens. Beispiel: A-K: Apfelkuchen. Wer zuerst ein Wort gefunden hat, bekommt einen Punkt.
Damit das Spiel auch für jüngere Kinder eingesetzt werden kann, können Sie sich vereinfachte Regeln ausdenken, z.B. „Finde ein Wort, indem die beiden Buchstaben vorkommen."

Zählmaterial
Damit die Erstklässler den Zahlbegriff möglichst vielseitig erarbeiten können, sollten Sie unterschiedliche Materialien zum Zählen bereitstellen.
Sie können kleine Schraubgläser (z.B. von Babynahrung) mit verschiedenen Materialien füllen, wie Trockenerbsen, Streichhölzern, Perlen, Büroklammern usw., eben Dingen die man im Haushalt findet. Die Kinder sollen dann zählen, wie viele Dinge sich in jedem Glas befinden. Sie können die Gläser auch der Reihe nach von „wenig" nach „viel" sortieren.
Fädeln Sie mit den Kindern Knöpfe auf dünne Schnüre. Knöpfe können Sie sicher von den Eltern bekommen. Die Anzahl der Knöpfe kann abgezählt werden. Es können aber auch erste Rechenaufgaben dargestellt werden. Besteht eine Kette aus 5 großen und 4 kleinen Knöpfen, so stellt sie die Aufgabe 5 + 4 dar.
Interessante Bilder aus Zeitschriften haben wir zu einem „Zählbuch" gebunden. Es regt die Kinder zum Betrachten, Erzählen und Zählen an.
Mit Springseilen können die Kinder Sprünge zählen ... Sicher fallen Ihnen noch viele motivierende Ideen ein.

2 Wo sollen wir nur anfangen?

Zahlenmauern
Im Abschnitt „Die Spreu vom Weizen trennen ..." (S. 130) finden Sie eine Beschreibung dieses Materials.
Für die Zahlenmauern selbst können Sie gewöhnliche Bauklötze verwenden. Es lohnt sich auch, in ortsansässigen Schreinereien oder bei Schülerwerkstätten nach Reststücken zu fragen.

Zaubertafel[50]
Bei diesem sehr motivierenden Material können die Kinder alle 1x1-Aufgaben rechnen und anschließend selbst kontrollieren. Die Ergebnisse werden sichtbar, wenn man das entsprechende Feld durch Fingerdruck erwärmt.

Zeitschriften
Viele Kinder lesen nicht so gern ein Buch, vielleicht können Sie diese mit Zeitschriften eher motivieren. Sie enthalten viele Bilder und man kann sich einfach einen Teil aussuchen, für den man sich interessiert.
Es gibt viele gute Kinder- und Jugendzeitschriften. Viele Verlage stellen Probeexemplare zur Verfügung. Nachfragen lohnt sich[51]!
Wir sammeln seit längerer Zeit den „Kinderspiegel". Das ist die Kinderseite des „Berliner Tagesspiegels". Vielleicht bietet Ihre Tageszeitung auch eine lesenswerte Kinderseite!

Ziffernkarten zum Nachsticken/Nachmalen
Lesen Sie bitte nach unter dem Stichwort „Buchstabenkarten zum Nachsticken/Nachmalen".

Ziffernschreibkurs
Egal ob Sie mit einem gekauften oder selbst zusammengestellten Ziffernschreibkurs arbeiten: Für den offenen Unterricht ist es wichtig, dass die Kinder Reihenfolge und Tempo individuell bestimmen können. Bieten Sie den Kindern also Zusatzmaterial an, das ihnen diese Selbstständigkeit bietet. Lesen Sie dazu auch unter dem Stichwort „Schreibrichtungskarten" nach.

„Damit es sofort losgehen kann"

 Kopiervorlagen

Das hilft Ihnen bei der Planung:
→ Fachunterrichtsliste für 2 Jahrgänge
→ Fachunterrichtsliste für 3 Jahrgänge
→ Fachunterrichtsliste für 4 Jahrgänge
→ Planungsraster für fächerübergreifenden Unterricht

So organisieren Sie die Arbeit in der Klasse:
→ Ämterplan
→ Ämterplan zur Selbstgestaltung
→ Beobachtungsbogen „Lesen"
→ Beobachtungsbogen „Kopfrechnen"
→ Eltern-Liste für die Arbeitszeit für 2 Jahrgänge
→ Eltern-Liste für die Arbeitszeit für 3 Jahrgänge
→ Eltern-Liste für die Arbeitszeit für 4 Jahrgänge
→ Helfer-Liste für Eltern
→ Hier arbeitet ... - Schilder
→ Leseeltern-Liste
→ Putzdienst-Liste
→ Tagesplan
→ Wähle aus!-Liste
→ Wochenplan
→ Wochenübersicht für die Arbeitszeit

So behalten die Kinder und Sie die Übersicht:
→ Das habe ich schon geschafft-Karte
→ Prüfbogen Druckschrift
→ Druckschrift-Urkunde
→ Prüfbogen Schreibschrift
→ Schreibschrift-Urkunde
→ Lese-Ausweis
→ Lese-Urkunde
→ Prüfbogen Ziffernschreibkurs
→ Zahlen-Urkunde (Mädchen)
→ Zahlen-Urkunde (Junge)

Weitere Hilfen:
→ Hohlbuchstaben/Hohlzahlen

Fußnoten

Fußnoten

1. www.schule.suedtirol.it/blikk/angebote/reformpaedagogik/infothek.htm
   www.montessori.de
   www.meinhard.privat.t-online.de/frauen/montessori.htm

2. Stein, Barbara und die Fachgruppe „Theorie" der Dozentenkonferenz der deutschen Montessori-Vereinigung e.V.:
   Montessori-Pädagogik – Das Konzept der Erziehung in Elternhaus, Kindergarten und Grundschule 2003. In: www.montessori-deutschland.de/207.html

3. vgl.: Eichelberger, Harald: In: www.schule.suedtirol.it/blikk/angebote/reformpaedagogik/rp10052.htm

4. Schulgesetze und mehr finden Sie hier:
   Bayern: www.km.bayern.de/km/schule/recht/index.shtml
   Baden-Württemberg: www.kultus-und-unterricht. de/schulgesetz.pdf
   Berlin: www.senbjs.berlin.de/schulgesetz
   Brandenburg: www.mbjs.brandenburg.de
   Bremen: www.bildung.bremen.de/sfb/schulgesetz.pdf
   Hamburg: www.fhh.hamburg.de/stadt/Aktuell/ behoerden/bildung-sport/service/ veroeffentlichungen/schulgesetz/start.html
   Hessen: www.schulrecht.hessen.de
   Mecklenburg-Vorpommern: www.kultus-mv.de
   Niedersachen: www.schure.de
   NRW: www.bildungsportal.nrw.de/BP/Schule/System/recht/index.htm
   Rheinland-Pfalz: www.leb.bildung-rp.de, Link: Gesetze, Vorschriften
   Saarland: www.bildungsserver.saarland.de/schulrecht.htm
   Sachsen: www.sachsen-macht-schule.de/recht/schulgesetz_04.pdf
   Sachsen-Anhalt: www.rechtliches.de/LSA/info_SchulG.html
   Schleswig-Holstein: www.schooloffice-sh.de/schulgesetz/index.htm
   Thüringen: www.thueringen.de/tkm/schule/schulwesen/gesetze/

   Direktverknüpfungen zu den Schulgesetzen aller Bundesländer, die Sie als PDF-Format ausdrucken können, finden Sie unter: www.kmk.org/doc/beschl/SchulgesetzeInternet.pdf

5. Verordnung über den Bildungsgang der Grundschule (Grundschulverordnung – GsVO), vom 19. Januar 2005, §7 Absatz 6 unter:
   www.senbjs.berlin.de/schule/rechtsvorschriften/grundschulvo.pdf

Fußnoten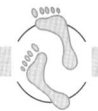

6. Eine Verknüpfung zu allen Landesinstituten der einzelnen Bundesländer sowie Telefonnummern, Adressen und E-Mail-Kontakte finden Sie unter: www.kmk.org/schul/instlink.htm

7. Claussen, Claus: Wochenplan- und Freiarbeit, Unterrichten mit Wochenplänen. Westermann 1996. ISBN 3-14162-015-6

8. Wallrabenstein, Wulf: Offene Schule, offener Unterricht. Ratgeber für Eltern und Lehrer. Rowohlt Tb 1997. ISBN 3-49918-752-3, S.95.

9. Morgenthau, Lena: Was ist offener Unterricht? – Wochenplan und Freie Arbeit organisieren. Verlag an der Ruhr 2003. ISBN 3-86072-706-0

10. Weitere Informationen finden Sie z.B. bei: Weber, Anders: Was ist Werkstatt-Unterricht? Verlag an der Ruhr 1998. ISBN 3-86072-377-4

11. Schulgesetz für das Land Berlin vom 1. August 2005, § 19, Absatz. Unter: www.senbjs.berlin.de/schule/rechtsvorschriften/schulgesetz/schulgesetz_21092005.pdf

12. Merks, R./Puy-Merks, A.: Erste Texte schreiben und gestalten mit Word. Verlag an der Ruhr 2002. ISBN 3-86072-644-7

    Datz M./Schwabe, R.W.: Wir machen unsere eigene Homepage.
    Eine Schritt-für-Schritt-Anleitung für Kinder und Lehrer
    Verlag an der Ruhr 2003. ISBN 3-86072-808-3

    Galensa, H./Warnecke, V.: Internet-Guide für die Grundschule.
    Verlag an der Ruhr 2002. ISBN 3-86072-647-1

13. May, Peter – Unter Mitarbeit von: Malitzky, Volkmar/Vieluf, Ulrich: Hamburger Schreibprobe (HSP 1–9).
    Zu bestellen bei: Verlag für pädagogische Medien, Unnastraße 19, 20253 Hamburg, Fon: 040/4903737, Fax: 040/4014711, www.vpmonline.de

14. Weitere Informationen unter: www.pikler-hengstenberg.at

15. Berg, Horst Klaus: Maria Montessori – Mit Kindern das Leben suchen. Antworten auf aktuelle pädagogische Fragen. Verlag Herder 2002. ISBN 3-45127-791-3

16. Oswald, P./Schulz-Benesch, G.: Grundgedanken der Montessori-Pädagogik. Aus Maria Montessoris Schrifttum und Wirkkreis.
    Verlag Herder 2002. ISBN 3-451-21626-4

Fußnoten

17. Grabe, Astrid: Lies dich schlau! Eine Übungskartei zum sinnentnehmenden Lesen. Verlag an der Ruhr 2002. ISBN 3-86072-707-9

18. Logico-Trainer und Übungsbücher. Finken Verlag GmbH, Zimmersmühlenweg 40, 61440 Oberursel, Fon: 06171/ 63880, Fax: 06171/ 6388 22, www.finken.de

    LÜK: Übungshefte und Lösungsgerät. Westermann Lernspielverlag GmbH, Georg-Westermann-Allee 66, 38104 Braunschweig, Fon: 0531/708763, Fax: 0531/708764, www.luek.de

19. Arnold, Ellen: Jetzt versteh' ich das! Bessere Lernerfolge durch Förderung der verschiedenen Lerntypen. Verlag an der Ruhr 2000. ISBN 3-86072-587-4

20. Montessori-Material können Sie z.B. beziehen über Nienhuis (www.nienhuis.nl), Wehrfritz (www.wehrfritz.de) oder Lernwerkstatt Vogt (www.lernwerkstatt-shop.de).

    Hinweise zur Arbeit mit den einzelnen Materialien finden Sie bei:
    Montessori-Vereinigung e.V. (Hrsg.): Montessori-Material Teile 1–3:
    Verlag Nienhuis Montessori International 1996/1992/1992.

21. Werkstätten zu verschiedensten Sachunterricht-Themen finden Sie unter: www.verlagruhr.de, Suche: Werkstatt.

22. www.rechtschreib-werkstatt.de, Stichwort: Abschreibheft.

23. Fertige Spiele können Sie z.B. beziehen über: Verlag für pädagogische Medien, Unnastraße 19, 20253 Hamburg, Fon: 040/4903737, Fax: 040/4014711, www.vpmonline.de

24. Gebert, A./Holthus, W./Mölders, R.: Konfetti. Neue Rechtschreibung. Schreiblehrgang. Diesterweg 1999. ISBN 3-42502-044-7

25. Grabe, Astrid/Schmidt, Tanja: ABC lernen mit Gedichten, Bildern und Arbeitsblättern. Verlag an der Ruhr 2001. ISBN 3-86072-648-X

    Stahringer, Roswitha/Rothe, Heike/Abel, Petra: Wunderkiste für Buchstabenwochen. Schroedel Verlag 1997. ISBN 3-507-40707-9

26. Karteien zu verschiedenen Sachrechen-Themen finden Sie unter: www.verlagruhr.de, Suche: Sachrechnen

    van Groning, Adelheid: Wir messen. Eine Sachrechenkartei, ab 2. Schuljahr. Zu bestellen unter: Sauros Verlag Markus Schulz, Marienstraße 87, 50825 Köln, Fon: 0221/5504611, Fax: 0221/5506775, www.sauros.de

Fußnoten

27. Kasten mit Aufgabenkarten für die geometrischen Körper
 z.B. zu beziehen unter: www.schulwolf.at/montessori/produkte

28. Becherlupen zu beziehen über: Verlag an der Ruhr, www.verlagruhr.de
 Arbeitskarteien zum Thema z.B.:
 Dittmann, Jürgen/Köster, Heinrich: Die Becherlupen-Kartei: Tiere in Kompost, Boden und morschen Bäumen. Verlag an der Ruhr 1999. ISBN 3-86072-414-2
 Dittmann, Jürgen/Köster, Heinrich: Die Becherlupen-Kartei: Tiere in Tümpeln, Seen und Bächen. Verlag an der Ruhr 2000. ISBN 3-86072-481-9

29. Plauen, E. O.: Vater und Sohn. Ravensburger Buchverlag 1996.
 ISBN 3-34752-008-X

 Einige Geschichten können Sie sich auch ausdrucken bei:
 www.vaterundsohn.de

30. Balhorn, H./Brügelmann, H./Kretschmann, R.: Regenbogen-Lesekiste.
 VPM 1991. ISBN 3-92356-613-1

31. Schaadt, Susanne: Punkt für Punkt zum ABC. Das Buchstaben Nachmalheft.
 Verlag an der Ruhr 2006. ISBN 3-8346-0104-7

32. Persen, D./Mycke, R.: Rechenpuzzles und Rechendominos 1./2. Schuljahr.
 Persen Verlag GmbH 1989. ISBN 3-92180-927-4

33. Bender, Iris/Gleiß, Anke: Die Experimente-Kartei für die Grundschule. Kinder versuchen, vermuten, erklären. Verlag an der Ruhr 2004. ISBN 3-86072-936-5

34. z.B.: www.zzzebra.de, www.blinde-kuh.de, www.wasistwas.de,
 www.kindernetz.de

35. Fischer, Siegrid: Das 1x1-Brett. In: Praxis Grundschule, Heft 2/1995, S. 57–60.

36. Sauros Verlag Markus Schulz, Marienstraße 87, 50825 Köln,
 Fon: 0221/5504611, Fax: 0221/5506775, www.sauros.de

37. Lammel, R./Maas, G.: Geobrett für das 1. und 2. Schuljahr. Westermann 2004. ISBN 3-14122-781-0
 Dinges, E.: Geometrie anschaulich. Geometrische Muster und Geobrett(er) 2.-4. Schuljahr. Persen 2001. ISBN 3-89358-330-0

38. Bergedorfer Kopiervorlagen bei:
 Persen Verlag GmbH, Postfach 260, 21637 Horneburg, Fon: 04163/81400, Fax: 04163/814050, www.persen.de

Fußnoten

39. Laufer, Lutz: Extra Klasse. Der kleine Zauberer. Oldenbourg Schulverlag 1999. ISBN 3-48610-411-X

    Metze, Wilfried: Lese-Mal-Blätter zum sinnerfassenden Lesen im 1. Schuljahr. Cornelsen 2001. ISBN: 3-464-61105-1

40. Brinkmann, Erika/Brügelmann, Hans: Ideen-Kiste 1. Schrift-Sprache. VPM 1995. ISBN 3-92356-666-2

41. Mandalas für verschiedene Themen und Anlässe finden Sie unter: www.verlagruhr.de, Stichwort: Mandalas

42. z.B. aus der Serie „Was ist was?", Tessloff Verlag, Ragnar Tessloff GmbH & Co. KG; Burgschmietstraße 2-4, 90419 Nürnberg, Fon: 0911/399060, Fax: 0911/399639, www.tessloff.com

43. Paul Kaltefleiter, P./Mingers, O./Omnibooks Text und Redaktion: Das Reimlexikon für Kinder. Verlag an der Ruhr 2005. ISBN 3-86072-944-6

44. Müller, Gerhard/Röhr, M./Wittmann, E.: Programm Mathe 2000. Schauen und Bauen. Teil 1: Geometrische Spiele mit Quadern. Klett 2002. ISBN 3-12-199075-6

    Programm mathe 2000. Schauen und Bauen. Teil 2: Spiele mit dem Somawürfel. Klett 2003. ISBN 3-12-199077-2

45. Ball, Sara: Schugergei. Ein Mini-Tierklappbuch. Sellier 1996. ISBN 3-82212-226-2

46. Spiegel und Arbeitsmaterial gibt es von Klett, z.B.: Spiegel, Hartmut: Spiegeln mit dem Spiegel. Klett 1998. ISBN 3-12-199071-3

47. Preuß, C./Ruge, K.: Amsel, Drossel, Fink und Star. Verlag an Ruhr 1996. ISBN 3-86072-269-7

48. Reihen „Walddetektive" und „Hinhören lernen" vom Verlag an der Ruhr unter: www.verlagruhr.de
    z.B.: Preuß, Carola/Ruge, Klaus: Waldgeräusche-Spiel. Verlag an der Ruhr 1994. ISBN 3-86072-175-5

49. Ravensburger Spieleverlag GmbH, Robert-Bosch-Str. 1, 88214 Ravensburg, Fon: 0751/ 860, Fax: 0751/861311 www.ravensburger.de

50. Lernen mit der Zaubertafel. Quer durchs kleine 1x1. Ravensburger Buchverlag 2004. ISBN 3-473-41349-6

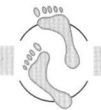

Fußnoten

Lernen mit der Zaubertafel. Quer durchs große 1x1.
Ravensburger Buchverlag 2005. ISBN 3-473-41400-X

51. „Geolino", Gruner und Jahr AG & Co. KG, Am Baumwall 11, 20459 Hamburg,
Fon: 040/37030, Fax: 040/37036000, www.guj.de

„Der bunte Hund", Verlagsgruppes Beltz, Postfach 100154, 69441 Weinheim,
Fon: 06201/60070, Fax: 06201/6007310, www.beltz.de

„Mücke", „Mücki und Max", Universum Verlagsanstalt, Taunusstraße 54,
65183 Wiesbaden, Fon: 0611/9030142, Fax: 0611/9030183,
www.universum-gruppe.de

„Tierfreund", „Bimbo", „Olli und Molli", „Benny und Teddy",
J.M. Sailer Verlag, Lina-Ammon-Platz 30, 90471 Nürnberg,
Fon: 0911/6600152, Fax: 0911/6600110, www.sailer-verlag.de.

„Floh", „Flohkiste", „O!kay!" (englisch), „Tu was!",
Domino Verlag und Zeitschriftenvertrieb, Gunther Brinek GmbH,
Postfach 190345, 80603 München, Fon: 089/179130, Fax: 089/17193211,
www.domino-verlag.de

Verlag an der Ruhr

Postfach 10 22 51
45422 Mülheim an der Ruhr

Alexanderstraße 54
45472 Mülheim an der Ruhr

Telefon 02 08/495 04 900
Fax 02 08/495 04 295

bestellung@verlagruhr.de
www.verlagruhr.de

Das Portfolio-Konzept in der Grundschule
Individualisiertes Lernen organisieren
Antje Bostelmann (Hrsg.)
Kl. 1–4, 129 S., A4, Paperback, vierfarbig
ISBN 978-3-8346-0137-7
Best.-Nr. 60137
19,50 € (D)/20,– € (A)/34,20 CHF

Erste Hilfe Schulalltag
Vom Morgenkreis zum Abschiedslied
Themen- und Methodenübergänge ohne Chaos
Rae Pica
5–10 J., 119 S., 16 x 23 cm, Paperback
ISBN 978-3-86072-968-7
Best.-Nr. 2968
13,50 € (D)/13,90 € (A)/24,30 CHF

So funktioniert die Offene Schuleingangsstufe
Das Beispiel der Laborschule Bielefeld
Autorenteam Laborschule
Kl. 1–2, 276 S., 16 x 23 cm, Paperback (mit vierf. Abb.)
ISBN 978-3-86072-962-5
Best.-Nr. 2962
18,50 € (D)/19,– € (A)/32,40 CHF

Orientierung ohne Worte
Bildkarten für Stundenplan und Tagesablauf
Jens Kirschner, Sabine Treu
Kl. 1–4, 46 S., A5 quer, 46 Karten, vierfarbig + Begleitheft A5, banderoliert
ISBN 978-3-86072-956-4
Best.-Nr. 2956
16,50 € (D)/17,– € (A)/28,90 CHF

Organisation • Offenheit • Orientierung